Asia Tisch

DIE BESTEN REZEPTE
UNSERER KOCHEXPERTEN AUS

China
Japan
Thailand
Vietnam
Korea
Indien

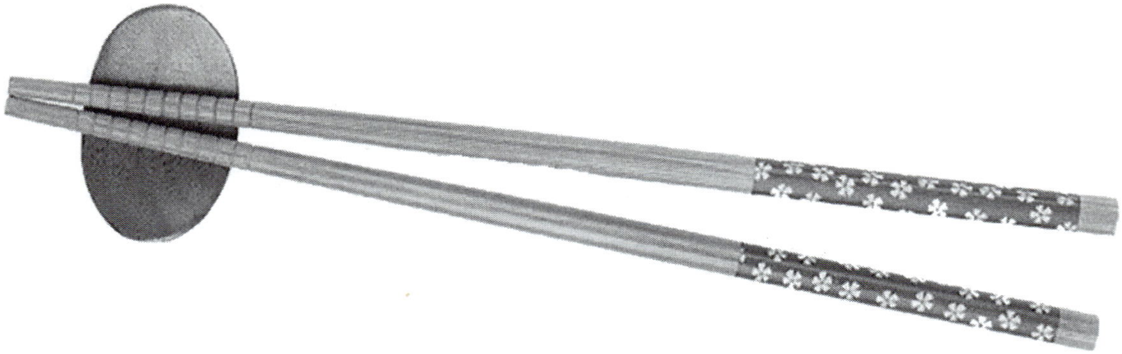

INHALTSVERZEICHNIS

YORWORT

Die Küche Asiens ist vielseitig, fantasievoll und sehr gesund. Viel Fisch, Meeresfrüchte, Gemüse sowie fettarmes Fleisch – bilden das Geheimnis der asiatischen Küche. In nahezu jedem fernöstlichen Land sind Reis bzw. dünne Reisnudeln die Basis der Gerichte und werden mit intensiven Aromen wie Ingwer, Curry und Kardamom abgerundet. Die Gerichte werden meist in einer Vielfalt aus verschiedenen Geschmacksrichtungen in serviert. Dabei ist asiatisch nicht gleich asiatisch. Ein kurzer Überblick verrät die kulinarischen Besonderheiten des jeweiligen Landes, dessen Rezepte wir ausgewählt haben.

Chinesische Küche

In China hat jede Region ihre eigene Küche. So sind im Norden Nudeln und Brot beliebter als Reis, im Süden überwiegen Meeresfrüchte, im Westen würziges Rindfleisch und im Osten süße Gerichte auf Basis von braunem Reis. Das wohl berühmteste chinesische Gericht der Welt ist die süße Pekingente, die mit Hoisinsauce serviert wird. Auch sollte jeder Freund der asiatischen Küche unbedingt die berühmte Ramen probieren, die in China und Japan als Fast Food verkauft wird.

Japanische Küche

Japan ist für Sushi berühmt, aber es lohnt sich weitere Rezepte Japans zu entdecken. Im Land der Kirschblüten werden viele Suppen gegessen. Eine der beliebtesten ist die gesunde Miso-Shiru aus fermentierter Soja und Reis (oder Gerste). Die Japaner sitzen gerne an einem rauchenden Shabu-Shabu Kessel, tauchen Fleisch, Fisch und Pilze in die Brühe und essen die Häppchen mit Stäbchen. Am Ende der Mahlzeit trinken sie den Sud.

Vietnamesische Küche

Frühlingsrollen (nem), in Reispapier eingewickelte Fleisch-, Fisch- oder Gemüsefüllungen, sind wohl das prominenteste vietnamesische Gericht. Die Vietnamesen genießen diese mit aromatischem grünem Jasmin Tee oder Zuckerrohrsaft. Die lokale Küche riecht nach Minze, Limette und Koriander, wobei auf die Verwendung von raffiniertem komplett verzichtet wird.

Koreanische Küche

Die koreanische Küche wird unter anderem von würzigen Aromen dominiert. Dank der Zugabe der Doenjang-Paste (auf Sojabohnenbasis) sind Gerichte wie Kimchi (Chinakohl, eingelegt mit anderen pflanzlichen Zutaten) entstanden.

In Korea wird auch die traditionelle „Hacke“ gegessen; rohes Fischfilet, eingewickelt in Salatblätter und eingetaucht in Gochujang-Sauce.

Thailändische Küche

Die thailändische Küche gibt keine strengen Rezepte für jedes bestimmte Gericht vor. Jedes Gericht kann in vielen Versionen erscheinen. Eines unserer beliebtesten thailändischen Gerichte ist die Tom Kha Gai Suppe. In vielen Thailändischen Familien wird sie mindestens einmal pro Woche nach dem Rezept, das Sie in diesem Buch finden, gekocht. Sie werden aber auch eine cremige Variante hier finden, mit Austernpilzen anstelle von Shiitake-Pilzen und mit viel erfrischendem Limettensaft.

Indische Küche

Trotz der gigantischen Größe des Landes, unterscheidet sich die indische Küche im Osten in vielerlei Hinsicht wenig von Delikatessen aus dem Norden oder Westen. Fisch und Meeresfrüchte sowie vegetarische Gerichte sind hier gleichermaßen beliebt. Eine sehr charakteristische Delikatesse und Würze für diesen Teil Indiens sind Kalwanji, das nichts als Zwiebelsamen ist, Kurkuma, Curry und Massala. Senföl ist ebenfalls weit verbreitet, extrem scharf und verleiht der indischen Küche einen wunderbaren Charakter.

Die Südindische Küche zeichnet sich vor allem durch die Verwendung von großer Mengen Reis und Gemüse aus. Die Gerichte sind normalerweise vegetarisch. In diesem Teil des Landes werden Gerichte oft in klarer Gheebutter und mit Kokosmilch zubereitet, da hier eine große Anzahl von Palmen wächst. Auch haben die Südinder ihre eigenen traditionellen Getränke, die hauptsächlich aus Joghurt, Lassi, Rayta und Kokosnuss zubereitet werden.

Sie werden Ihre Küchen mit den Düften Chinas, Thailands, Japans und anderer asiatischer Länder füllen. Wir hoffen, dass wir Sie mit den Rezepten, die wir hier veröffentlichen, für einige Momente nach Asien zaubern können, dessen Aromen so vielfältig sind wie der Kontinent selbst.

Alle Rezepte, die Sie in diesem Buch finden, wurden von den Autoren getestet. Fühlen Sie sich frei, unsere Rezepte zu variieren, neu zu interpretieren und sich von Ihren Experimenten überraschen zu lassen. Viele Rezepte sind über die Jahrhunderte genau so entstanden. Aus diesem Grund wurde in diesem Buch auch bewusst auf Bilder verzichtet, da die Speisen auch optisch von Koch zu Koch stark variieren.

Genießen Sie die Zubereitung und den Verzehr!

VORSPEISEN

SUPPEN

Miso Suppe mit Heilbutt

Japanische Küche

20 Minuten 2 Portionen

Zutaten

- Heilbutt Filet
- 4 EL Dashi-Brühe
- 1 gehäufter EL Miso Paste
- 1 Karotte
- 1 Chili Schote
- eine Handvoll Sojasprossen
- 2 EL Sojasauce
- 2 EL Fischsauce
- 1 EL Reiswein
- Limettensaft
- frischer Koriander

Zubereitung

Schneiden Sie die Karotte in dünne, lange Scheiben und schneiden Sie die Chili Schote in feine Scheiben.

Geben Sie die Dashi-Brühe in einen Topf mit kochendem Wasser. Alles gründlich mischen und gehacktes Gemüse hineingeben. Nach 5 Minuten Kochen den Reiswein, Sojasauce und Fischsauce hinzufügen.

Heilbutt Filet, zusammen mit der Haut in gleichgroße Streifen schneiden. Die Heilbutt Streifen in die Suppe geben und 3-4 Minuten kochen lassen. Eine Minute vor dem Ende des Garvorgangs Mungo Sprossen und einen EL Miso Paste hinzufügen.

Die fertige Suppe mit Limettensaft beträufeln und mit frischen Korianderblättern dekorieren. Guten Appetit!

Spargel-Krabben-Suppe

Chinesische Küche

20 Minuten 2 Portionen

Diese Suppe mit Krabben und Spargel ist sehr zart und extrem leicht. Sie besticht mit der leichten Süße durch die Krabben und den Spargel. Sie können die Schärfe durch die Menge des Chilis und Ingwers variieren und selbst bestimmen.

Zutaten

- 200 g dünner grüner Spargel
- 1 l Hühnerbrühe (selbst gekocht oder mithilfe eines Brühwürfels)
- 1 TL Fischsauce
- Salz und Pfeffer, nach Geschmack
- 1 EL Pflanzenöl
- 1/2 frische rote Thai Chili Schote
- 1 kleine Knoblauchzehe
- 1/2 TL geriebene Ingwerpaste
- 2 thailändische Schalotten
- 200 g gekochtes weißes Krabbenfleisch
- 1 Ei
- 1 Schnittlauchbund
- eine kleine Handvoll Korianderblätter

Zubereitung

Den Spargel halbieren und die Brühe kochen. Fügen Sie dann die Fischsauce, eine Prise Pfeffer hinzu und geben Sie die Spitzen des Spargels dazu. Nach einer Minute den Spargel in einem Sieb abtropfen lassen und mit kaltem Wasser abspülen. Beiseitelegen. Die unteren Teile der Stängel in die Brühe geben und 20 Minuten kochen lassen.

Entfernen Sie die Samen der Chili-Schoten und hacken Sie sie fein. Den Knoblauch zerdrücken und die Schalotten fein hacken. Öl in einer Pfanne erhitzen, Chili, Knoblauch, Ingwer und Schalotten hinzufügen. 2 Minuten braten. Mit Salz und Pfeffer würzen. Fügen Sie das Krabbenfleisch hinzu, mischen Sie es gut und braten Sie es eine Weile, bis das Fleisch zart wird.

Nach 20-minütigem Kochen entfernen Sie die gekochten unteren Teile der Spargelstiele und werfen Sie diese weg. Brechen Sie das Ei in einer kleinen Schüssel mit einem Ausguss. Erhöhen Sie das Feuer unter einem Suppentopf und rühren Sie die Brühe, um einen Wirbel zu erzeugen. Gießen Sie das Ei in einen sehr dünnen Strahl, so dass sich dünne Eistränge bilden. Den blanchierten Spargel dazugeben und eine Weile erhitzen. Das Krabbenfleisch in zwei Schalen geben und die heiße Suppe einschenken. Mit gehacktem Schnittlauch und Koriander bestreuen.

Pho Ga

🕘 40 Minuten 🍽 6 Portionen

Vietnamesische Küche

Zutaten

- 1 ganzes Huhn (bis zu 1,5 kg)
- 6 ganze Schnittlauchzweige
- 7 cm Ingwerwurzel
- 1 EL Salz
- 3 l Hühnerbrühe
- Fischsauce, nach Geschmack
- Packung trockene Reisnudeln
- 1 Tasse Schnittlauch, gehackt
- 1,5 Tassen Koriander, gehackt
- 1/2 Tasse Schalotten, gebraten
- Thailändisches Basilikum
- Mungo Bohnen Sprossen
- Jalapeños oder andere lange grüne Chilischoten

Zubereitung

Bringen Sie einen großen Topf Wasser zum Kochen. Legen Sie das Huhn in viel kochendes Wasser. Geben Sie die Zweige des Schnittlauchs, den Ingwer und Salz in den Topf. 15 Minuten zugedeckt kochen lassen. Die Hitze herunterstellen, doch den Topf noch 15 Minuten geschlossen lassen. Stellen Sie sicher, dass das Huhn nicht roh ist, besonders am Knochen. Nehmen Sie das Huhn heraus und legen Sie es in eine große Schüssel mit kaltem Wasser und Eis. 20 min abkühlen lassen.

Das Huhn aus dem Wasser nehmen und mit einem Papiertuch trocknen. Fleisch von den Knochen entfernen. Entfernen Sie auch die Haut.

Kochen Sie die Nudeln nach dem Rezept auf der Verpackung. Die Brühe aufkochen und mit Fischsauce abschmecken.

Bereiten Sie die Zusätze vor: Reißen Sie Basilikumblätter von den Zweigen, schneiden Sie die Limette in gleichmäßige Stücke und schneiden Sie die Paprika in Scheiben. Die Nudeln in eine Schüssel geben. Legen Sie eine Handvoll Fleisch darauf. Mit Schnittlauch und Koriander bestreuen. Begießen Sie die Zutaten mit heißer Brühe und bestreuen Sie sie mit gebratenen Schalotten.

Zutaten separat servieren, sodass jeder die Suppe auf seinen Teller nach Belieben mit Paprika, Basilikum, Sprossen und mit Limettensaft garnieren kann.

Tom Kha Gai Suppe

Thailändische Küche

40 Minuten 4 Portionen

+ 1 Stunde Kochzeit

Die Tom Kha Gai Suppe ist der absolute Thailand-Klassiker. Sie ist weniger scharf und sauer als die Tom Yum Kung und somit sehr beliebt. Der delikate, würzige Geschmack ist auf die Kokosmilch und eine Prise Chili zurückzuführen.

Zutaten

- 1 halbes Huhn
- 2,5 l Wasser
- 3 Schalotten, fein geschnitten
- 1 Knoblauchzehe, zerdrückt
- 3 Stiele Zitronengras
- 1,5 Dosen (600 ml) Kokosmilch
- 2 thailändische Chilischoten, halbiert
- 1 TL Thai-Chilipaste
- 2 cm Galangal (in Scheiben geschnitten)
- 4 Limettenblätter
- 2-3 EL Fischsauce
- 1 Korianderwurzel, gehackt
- 1 EL Palmzucker
- 1/2 Tasse Shiitake-Pilze (30 Min. eingeweicht und in Streifen geschnitten)
- Saft von 1 Limette
- Salz
- Korianderblätter zum garnieren

Zubereitung

Legen Sie das halbe Huhn in einen Topf mit kaltem Wasser und lassen Sie es eine Stunde lang bei schwacher Hitze kochen. Salzen Sie es am Ende des Garvorgangs vorsichtig.
Nehmen Sie das Huhn aus dem Topf und trennen das Fleisch von den Knochen, schneiden das Fleisch in Stücke und geben es wieder in den Topf.
Nun alle weiteren anderen Zutaten in den Topf geben (außer Koriander und Fischsauce) und 20 Minuten kochen lassen.
Fügen Sie die Fischsauce in Maßen hinzu (die Sauce hat einen sehr ausgeprägten scharf, salzigen Geschmack. Lassen Sie sich also nicht vom Geruch abschrecken).

Servieren Sie die Suppe heiß und garnieren Sie das Gericht mit etwas Koriander.
Ein Großteil des Geschmacks der Suppe stammt aus dem aromatischen Galangal und kann leider nicht durch ähnlich aussehenden Ingwer ersetzt werden.

Schnelle Tom Kha Gai Suppe

30 Minuten 4 Portionen

Thailändische Küche

Zutaten

- 1 l Brühe
- 1 l Kokosmilch
- 3 TL gemahlener Galangal
- 3 TL Zitronengras
- 10 Kafir Blätter
- 12 Dag Mun Pilze (15 Minuten in kochendes Wasser legen)
- 1 getrocknete Chilischote
- 2 Stücke Hühnerbrust, gewürfelt
- 1 rote Paprika, in Streifen geschnitten
- 10 grüne Zuckererbsen in Schoten
- Dose Bambussprossen
- 2 EL Fischsauce
- 3,5 EL Zucker
- Saft einer Zitrone
- Salz

Zubereitung

Gießen Sie die Brühe und Kokosmilch in die Pfanne.

Den Galangal, das Zitronengras, die Kafir Blätter, die Chilischoten, die Mun-Pilze hinzufügen und 15 Minuten köcheln lassen.

Die in Würfel geschnitten Hähnchenbrust hinzufügen, 5 Minuten kochen lassen, den roten Pfeffer, die Bambussprossen und die Erbsen hinzufügen und kochen, bis die Erbsen weich sind.

Zum Schluss die Suppe mit Salz, Zucker und Zitronensaft würzen, so dass die Suppe einen sauer-süß-würzigen Geschmack hat.

Tom Yum Gai - vegetarische Version

20 Minuten | 2 Portionen

Thailändische Küche

Eine sehr leichte Version der Tom Yum Thai Suppe für Vegetarier. In Thailand wird sie mit etwas vegetarischer Fischsauce gewürzt.

Zutaten

- 3 Gläser Wasser
- mehrere Scheiben frischer Galangal (Sie können getrockneten, gemahlen oder frischen verwenden)
- 2 Zitronengras, in 2 cm große Stücke geschnitten
- mehrere getrocknete Limettenblätter
- 100 g Strohpilze
- 1 Karotte, in Stücke geschnitten
- 100 g grüne Erbsen (Sie können alternativ Zuckererbsen verwenden)
- ein paar Stücke Mini-Mais sowie geradezu jedes andere knackige Gemüse, das Sie zu Hause finden (z. B. Kohlrabi, grüne Bohnen, Karotten)
- 250 g seidiger Tofu
- etwas Limettensaft
- Chili (in zwei Hälften geschnitten)
- Koriander
- Salz
- Fischsauce

Zubereitung

Wasser kochen. Fügen Sie Galangal, Zitronengras und Limettenblätter hinzu. Kochen Sie alles, bis ein Sud mit intensivem Geschmack entsteht (mindestens 10 Minuten). Tofu in der Zwischenzeit in Würfel schneiden.

Legen Sie alles Gemüse in den Sud und kochen Sie es. Wenn Sie das Gemüse knackig mögen, darf es nur etwa 3 Minuten kochen.

Fügen Sie den gewürfelten Tofu hinzu.

Vom Herd nehmen, nach Belieben Chili hinzufügen, mit Salz, Fischsauce und Koriander würzen und servieren.

Suppe mit Kartoffeln und Zucchini auf Koreanisch

20 Minuten 2 Portionen

Koreanische Küche

Diese zunächst einfach scheinende Gemüsesuppe mit Kartoffeln und Zucchini gewinnt durch die Zugabe von koreanischen Chilischoten und Gochujang-Paste einen echten Charakter. Wir verdanken den orientalischen Geschmack auch der Zugabe von Sesamöl.

Zutaten

- 400 g junge, kleine Kartoffeln
- 1 TL Sake (optional Wodka)
- 1 Knoblauchzehe, fein gehackt
- 1 rote Chili, gemahlen und in Scheiben geschnitten
- 1 EL Gochujang-Paste (koreanische Chilipaste)
- 1 TL Salz
- 1 EL Sesamöl
- 120 g Rinderhackfleisch
- 1 kleine Zucchini, in halbe Scheiben geschnitten
- 1/2 Lauch, in Streifen schneiden
- 1 Frühlingszwiebel zur Dekoration
- 1 EL koreanischer Chili

Zubereitung

750 ml Wasser in einem Topf zum Kochen bringen, einen TL Salz hinzufügen und die geschälten Kartoffeln hineintun.

Geben Sie jeweils einen EL Sesamöl, koreanischen Chili und Gochujang-Paste, 1 fein gehackte Knoblauchzehe und 120 Gramm Rinderhackfleisch in eine mittelgroße Schüssel. Alles gut mischen und gewürztes Rindfleisch zu den kochenden Kartoffeln geben. Kochen Sie alles für etwa 5 Minuten.

Anschließend die Stücke Zucchini in die Suppe geben und weitere 3 Minuten kochen. Fügen Sie am Ende des Kochvorgangs die gehackten Chilis, den Lauch und einen Schuss Sake (oder Wodka) hinzu. Die Suppe 3-4 Minuten kochen lassen, dann mit gehackten Frühlingszwiebeln bestreuen und servieren.

Ramen mit gebackenem Rosenkohl

Japanische Küche

20 Minuten 4 Portionen

+ 5 Stunden Kochzeit + 1 Nacht marinieren

Die Zubereitung eines traditionellen Ramen und der entsprechenden Basis bedarf eines gewissen Aufwands. Doch diese äußerst leckere Nudel-Suppe ist jede Mühe wert.

Es gibt viele Variationen der beliebten Ramen Suppe, wir empfehlen jedoch die Variante mit gebackenem Rosenkohl, mit Miso und halbgekochtem Ei, das in einer speziellen Marinade mariniert wird.

Der Sud und die Eier lassen sich einen Tag zuvor vorbereiten. Die eigentliche Zubereitung sollte dann nicht länger als 15 Minuten dauern.

Zutaten für die Suppe

- 1/2 Huhn
- etwas weißer Pfeffer, Salz
- Salz zum Abschmecken
- 1 EL Frittieröl
- 1 EL Sesamöl
- 4 Knoblauchzehen
- 5 cm Ingwer
- 1 EL Sambal Oelek
- 2 EL leichte Sojasauce (chinesische oder japanische Sushi Sojasauce)
- 250 g chinesische Weizennudeln
- ein paar Brokkoli-Rosen
- 4 Blätter eines kleinen römischen Salats oder Pak Choy
- 1 EL gerösteter weißer Sesam
- 1 Karotte (in Streifen geschnitten)
- frische Korianderblätter
- etwas Schnittlauch, gehackt
- eine Chili-Schote, gehackt

Für den Rosenkohl

- 250 g Rosenkohl
- 2 EL Miso Paste
- 2 EL Öl

Ramen-Eier

- 4 Eier
- 3 EL Reiswein
- 3 EL Sojasauce (leichte chinesische oder japanische Sushi Sojasauce)

Ingwerbutter

- 4 EL Butter
- eine große Prise Salz
- 2 EL Ingwer, gehackt

Zubereitung

Geben Sie kaltes Wasser (ca. 2 l) in einen Topf, fügen Sie das Huhn mit dem weißen Pfeffer hinzu und bringen Sie es langsam (auf minimaler Hitze) zum Kochen. Es sollte in der ersten Stunde nicht zu köcheln beginnen. Anschließend kochen Sie das Huhn für weitere 4-5 Stunden und sammeln den Schaum, der an der Oberfläche entsteht.

Fügen Sie Salz hinzu. Die Brühe soll klar und aromatisch herauskommen. Auch der Knorpel sollte kochen (Beginnt der Knorpel sich in Gelee aufzulösen, ist dies ist ein Zeichen dafür, dass der Prozess bald zu Ende ist).

Ramen-Eier: Am breiteren Ende der Eier stechen Sie ein Loch mit einer Nadel ein. Legen Sie die Eier vorsichtig in kochendes Wasser und kochen Sie diese genau 7 Minuten lang. Anschließend müssen die Eier zügig in Eiswasser gelegt werden, sodass sie einige Minuten abkühlen können. Sojasauce, Reiswein und Wasser werden in eine Schüssel gegeben und vermischt. Die abgekühlten Eier werden nun geschält und vorzugsweise über Nacht in die Marinade gelegt. Schneiden Sie die Eier vor dem Hinzufügen zur Suppe mit einem scharfen Messer in zwei Hälften.

Rosenkohl: Den Backofen auf 220 °C vorheizen. Rosenkohl putzen und in Hälften schneiden. Vermengen sie die Miso Paste mit dem Olivenöl und wenden den Rosenkohl darin. Anschließend alles in eine Auflaufform legen und ca. 20-30 Minuten backen, bis eine Goldbraune Farbe zu erkennen ist.

Ingwerbutter: Erwärmen Sie die Butter mit dem Salz und dem Ingwer in einem Topf, bis ein sanftes Aroma aufsteigt.

Nehmen Sie das Huhn aus dem Sud auf einen Teller und legen Sie es beiseite.

Gießen Sie einen EL Öl in einen Topf, sodass dessen Boden komplett bedeckt ist und fügen Sie den fein gehackten Ingwer und den geschnittenen Knoblauch hinzu. Braten Sie alles kurz an und fügen Sie Sesamöl und Sambal hinzu. Anschließend fügen Sie 1,5 Liter des zuvor gekochten Suds hinzu. Bringen Sie den Sud zum Kochen und fügen die Sojasauce hinzu.

Geben Sie nun die Chinesischen Nudeln, die Brokkoli-Röschen und den Römersalat in die Brühe und kochen sie alles bis die Nudeln weich sind (gemäß der auf der Packung angegebenen Zeit).

Jetzt einfach die Nudeln und die Brühe auf Schalen verteilen, Eier, Rosenkohl, Hühnchen und Beilage (Karotten, Koriander, Limette, Schnittlauch und Chili) hinzufügen. Zum Schluss etwas heiße Ingwerbutter über die Zutaten gießen.

Guten Appetit!

Hanoi Suppe mit Schweinefleisch und Reisnudeln

40 Minuten 4 Portionen

Vietnamesische Küche

Dieses Gericht, das perfekt für einen kühlen Herbstabend geeignet ist, bietet alles, was Sie von einem ausgewogenen Abendessen erwarten können: Es ist nahrhaft, wärmend und köstlich. Da die Schweinefleischpaste selbst zubereitet werden muss, ist die Vorbereitung etwas zeitaufwendig, doch wer die Zubereitung einmal lernt, wird sie zu schätzen wissen.

Zutaten

- 3 getrocknete Pilze
- 250 g Reisnudeln
- 400 g Schweinefleischpaste (nach diesem Rezept)
- Bananenblatt (kann durch Folie ersetzt werden)
- 250 ml Pflanzenöl
- 2 l Hühnerbrühe (aus Brühwürfel)
- 3 EL Fischsauce
- 1 EL Zucker
- 2 EL gehackter Schnittlauch
- 3 EL gebratene Schalotten (in einem erhitzten Wok braten, bis sie braun sind, und in Küchen Papier auslegen, sodass das Fett abtropfen kann.)
- eine Handvoll Korianderblätter
- eine Handvoll Minzblätter
- 90 g Mungo Bohnen Sprossen
- 1 TL frisch gemahlenen schwarzen Pfeffer

Schweinefleischpaste

- 400 g mageres Schweinefleisch, doppelt gemahlen
- 1 Tasse Wasser
- 2 EL Fischsauce
- 1⁄2 EL Zucker
- 2 Beutel Backpulver
- 2 EL Tapiokamehl (bei Bedarf durch Kartoffelmehl ersetzen)

Zubereitung

Bereiten Sie am Vortag die Schweinefleischpaste vor, von der die Hälfte zur Herstellung des vietnamesischen, gedämpften Schinkens in Bananenblättern verwendet wird.

In einer großen Schüssel Schweinefleisch, Fischsauce, Zucker geben und gut mischen. In einer anderen Schüssel Wasser, Mehl und Backpulver hinzufügen und ebenfalls gut mischen. Decken Sie die Mischung ab und stellen sie mindestens 6 Stunden lang in den Kühlschrank.

Nach dieser Zeit beide Mischungen vermengen, erneut mahlen und in 2 Teile teilen.
Wickeln Sie einen Teil in ein Bananenblatt oder eine Folie und dämpfen Sie es etwa 20 bis 25 Minuten lang. Sobald es abkühlt ist, in Scheiben schneiden.

Die Pilze in eine Schüssel geben, mit heißem Wasser auffüllen und 20 Minuten stehen lassen. Abtropfen lassen und fein hacken.

Geben Sie die Reisnudeln in einen Topf mit heißem Wasser und kochen diese 5 Minuten, nehmen Sie sie vom Herd und lassen sie 5 Minuten im Wasser. Abgießen und mit kaltem Wasser abspülen.

In einer Schüssel die restliche Hälfte der Schweinefleischpaste und die Pilze mischen und gut kneten. In 2 Portionen teilen und beiseitestellen.

Das Öl in einem Topf bei mittlerer Hitze erhitzen. Aus der Hälfte der Mischung kleine Kugeln formen (Hände mit Öl einfetten, so lassen sich die Kugeln leichter bilden), in Öl legen und 2 Minuten braten, bis sie braun sind. Auf ein Küchenpapiertuch auslegen, sodass das Fett abgefangen wird.

Brühe in einem großen Topf kochen, Fischsauce, Zucker, 2 TL Salz und 1 TL frisch gemahlenen schwarzen Pfeffer hinzufügen. Rühren und anschließend die Hitze reduzieren.
Die restliche Paste mit den Pilzen zu kleinen Kugeln formen und in die Brühe geben. Sie sind fertig, wenn sie an der Oberfläche schwimmen. Nehmen Sie diese heraus und legen Sie sie beiseite.

Teilen Sie die Nudeln in Schalen auf. Verteilen Sie die Schinkenscheiben, die gebratenen Bällchen und die gekochten Bällchen. Gießen Sie die Brühe ein. Bestreuen Sie die Portionen mit Schnittlauch, gebratenen Schalotten, Chili und Koriander. Drapieren Sie die Minze und Sprossen separat in zwei Schälchen, sodass Sie zum Garnieren bereitstehen.

Würzige saure Pilzsuppe

Thailändische Küche

30 Minuten 4 Portionen

Zutaten

- 1,5 l Hühnerbrühe (aus Brühwürfel)
- 2 Knoblauchzehen, fein gehackt
- 2 TL Ingwer, fein gehackt
- 4 EL Fischsauce
- 300 g Pilze, geviertelt
- 300 g Chinakohl, gehackte
- 1 Karotte, in Scheiben schnitten
- 150 g Kirschtomaten, halbiert
- Limettensaft aus einer halben Limette
- Sriracha Chili Sauce, nach Geschmack
- 2 EL Tom Yum Paste
- grüne Petersilie

Zubereitung

In einem größeren Topf die Hühnerbrühe, die fein gehackte Knoblauchzehen, die Tom Yum Paste und den fein gehackten Ingwer geben. Gründlich mischen und zum Kochen bringen.

Fischsauce, Pilze, Chinakohl und Karotte in die kochende Suppe geben. Nachdem Sie alle Zutaten gemischt haben, kochen Sie diese 10 Minuten lang. Nach dieser Zeit fügen Sie der Suppe die halbierten Kirschtomaten hinzu. Pressen Sie den Saft aus der Hälfte der Limette und fügen die fein gehackte Petersilie hinzu. Nach dem Mischen weitere 5 Minuten kochen lassen.

Zum Schluss die Suppe mit Sriracha-Sauce würzen und abschmecken, sodass sie scharf genug ist. In Schalen gießen und mit grüner Petersilie bestreuen.

SALATE

Krabbensalat mit Linsen

15 Minuten 2 Portionen

Chinesische Küche

Schon im Mittelalter war bekannt: Rucola hilft der Verdauung und fördert das Entwässern. Dieser kleine Salat eignet sich hervorragend als Beilage oder als kleine Vorspeise.

Zutaten

- 1 Tomate
- 1 Frühlingszwiebel
- 200 g gegarte Krabben
- 50 g Linsen
- etwas Rucola
- 2 EL Essig
- 2 EL Öl
- Salz und Pfeffer

Zubereitung

Linsen nach Packungsanweisung kochen.
Frühlingszwiebel waschen und in feine Ringe schneiden.
Tomate waschen und würfeln.
Essig, Öl, Salz und Pfeffer zu einem Dressing verrühren.

Gemüse, Linsen, Krabben und Dressing miteinander vermischen und auf einem Teller mit Rucola garniert servieren.

TIPP: Braune Linsen muss man einen Tag vorher einweichen. Wer es schneller mag: Rote oder gelbe Linsen kann man sofort verwenden.

Frischer Minzsalat aus Yunnan

Chinesische Küche

◷ 20 Minuten ◍ 2 Portionen

Yunnan ist eine Region in Südchina, die an Burma, Laos und Vietnam grenzt. Hier findet man zu vielen Speisen einen frischen Minzsalat, der Ihren Gaumen sicher erfreuen wird.

Zutaten

- 100 g Babykarotten
- 100 g frische Gurke
- 100 g junger Lauch
- 100 g Sellerie
- 100 g Frühlingszwiebeln
- 1 Orange
- Saft von 1 Zitrone
- 2 EL Honig
- 70 g Ingwerwurzel
- 1-2 Chili Schoten
- 3 EL Öl
- 1/2 Bund frischer Koriander
- Salz

Zubereitung

Gemüse zubereiten: Die geschälte Karotte in dünne Streifen schneiden, die Gurke gründlich waschen und in Stäbchen schneiden (Haut nicht schälen). Reinigen Sie den Sellerie von den Fasern und schneiden Sie ihn in dünne Streifen. Die Blätter fein hacken. Die Orange schälen und in Stücke schneiden. Den Ingwer schälen und mit einer kleinen Reibe reiben. Die Chilis in dünne Scheiben schneiden.

Sauce zubereiten: Zitronensaft, Honig und Öl mischen, geriebenen Ingwer dazugeben und mit Salz abschmecken. Die vorbereiteten Salatzutaten mischen, mit Sauce würzen und schließlich gehackten Koriander hinzufügen.

Papaya Salat Som Tam

🕘 20 Minuten 🍽 4 Portionen

Thailändische Küche

Der Som Tam Salat ist ein Klassiker der thailändischen Küche und überzeugt mit einer Vielzahl aus thailändischen Aromen: Palmzucker, saurer Limetten- und Tamarindensaft, würziges Chili und salzige Fischsauce. Alles passt perfekt zu knuspriger Papaya, womit dieser Klassiker in seinem Herkunftsort Laos zubereitet wird.

Zutaten

- 50 g Kokosblütenzucker oder Palmzucker
- etwas Limettensaft
- Limette, in 6 Sechstel geschnitten
- 2 Knoblauchzehen
- 4 EL Tamarindensaft (aus Tamarindenpulpe, mit heißem Wasser im Verhältnis 50/50 vermengt)
- 4 frische, kernlose Thai-Chilis
- 50 g Schlangenbohnen, in 3 cm große Stücke geschnitten (kann durch sehr schonend gekochte grüne Bohnen ersetzt werden. Diese müssen noch hart sein)
- 2 EL Fischsauce
- 1 halbgrüne Papaya, in 2 mm dicke Streifen geschnitten (Sie können diese durch Kohlrabi ersetzen.)
- eine Handvoll Kirschtomaten
- eine Handvoll geröstete, ungesalzene Erdnüsse

Zubereitung

Palmzucker und 2-3 EL Wasser in einen kleinen Topf geben. Zucker bei schwacher Hitze auflösen.

Chili und Knoblauch vorsichtig in einem Mörser zerdrücken, gelösten Palmzucker und Limettensaft hinzufügen. Chili und Knoblauch müssen in klaren Stücken bleiben – es soll keine Paste entstehen. Fügen Sie den Tamarindensaft und die Fischsauce hinzu. Limettenstücke in den Mörser geben und vorsichtig pürieren.

Schneiden Sie die Kirschtomaten in zwei Hälften und zerdrücken Sie diese vorsichtig in einem Mörser, damit sie den Saft freisetzen. Fügen sie die Tomaten, sowie den freigesetzten Saft hinzu.

Dressing, Papaya, Tomatenbohnen mischen und mit Erdnüssen auf dem Teller bestreuen.
Fertig!

Guten Appetit!

Asiatischen Gurkensalat

Chinesische Küche

20 Minuten 2 Portionen

Zutaten

- 2 lange Gurken
- 4 EL Reisessig
- 1/2 TL Sesamöl
- 2 EL Sesam
- 2 TL frisch geriebener Ingwer
- 4 EL Frühlingszwiebeln oder Schnittlauch
- 1/2 TL Zucker
- eine Prise Cayennepfeffer
- Salz, nach Geschmack
- Pfeffer, nach Geschmack

Zubereitung

Gurken waschen, trocknen, halbieren und mit einem Teelöffel die Samen entfernen. Schneiden Sie jede Hälfte entlang in lange, dünne Streifen - dafür eignet sich am besten ein Gemüseschäler.

Den Rest der Zutaten in einer Schüssel und zu einer Sauce gut vermischen. Gurkenstreifen in die Sauce geben und vermengen. Den Salat 15 Minuten in den Kühlschrank stellen und gekühlt servieren.

Asiatischer Tofu-Salat

Chinesische Küche

30 Minuten 4 Portionen

Zutaten

Salat:

- 200 g Tofu
- 200 g Reis Nudeln
- 1 Gurke
- 1 Karotte
- 1 rote Paprika
- 1 Bund Sojabohnensprossen
- eine Handvoll Erdnüsse
- 2 kleine Römersalate
- 3 EL frischer Koriander
- Pflanzenöl

Sauce:

- 50 ml Wasser
- 1 EL Zucker
- 1 zerdrückte Knoblauchzehe
- 1 gehackte Chili-Schote
- 1 EL Zitronensaft
- 1 EL Fischsauce
- 1 EL Limettensaft
- 1 EL Reisessig
- 2 EL Sojasauce
- 2 cm Ingwer, gerieben

Zubereitung

Den Tofu würfeln und in einer Pfanne goldbraun braten.
Verwenden Sie für die Karotten und Gurken einen Schäler, um dünne Makkaroni-Bänder zu schneiden. Paprika in Streifen und den Salat in gleichmäßige Stücke schneiden. Bereiten Sie die Nudeln gemäß den Anweisungen auf der Verpackung vor.
Alle Zutaten in eine Schüssel geben, zerdrückte Nüsse und Koriander hinzufügen. Fügen Sie schließlich die Sojabohnensprossen hinzu.

Um die Sauce zuzubereiten, kochen Sie 50 ml Wasser mit Zucker, kühlen Sie die Flüssigkeit ab, fügen Sie die restlichen Zutaten hinzu und mischen Sie alles.

Mischen Sie den Salat mit der Sauce und genießen Sie ihn frisch.

Chinesischer Weißkohlsalat

30 Minuten 6 Portionen

Chinesische Küche

Dieser chinesische Salat wird traditionell in asiatischen Bars serviert.

Zutaten

- 1 Weißkohl, gehackt
- 2 Karotten, grob gerieben
- 1 Tasse Reisessig (250 ml)
- 1 Tasse Zucker (200 g)
- 1/2 Tasse Pflanzenöl (120 ml)
- 4 Knoblauchzehen, zerkleinert
- 1 EL Salz

Zubereitung

Gießen Sie ein Glas Reisessig, ein halbes Glas Pflanzenöl, ein Glas Weißzucker und einen EL Salz in einen mittelgroßen Topf. Das Ganze unter Rühren erhitzen, bis sich der Zucker und das Salz aufgelöst haben.

In einem großen Topf Weißkohl, zwei grob geriebene Karotten und vier zerdrückte Knoblauchzehen mischen. Alles gründlich mischen.

Geben Sie nun den mit den anderen Zutaten gemischten Kohl in die zubereitete Marinade. Mindestens eine Stunde im Kühlschrank stehen lassen. Nach dieser Zeit ist der chinesische Salat fertig. Es ist die Einfachheit, die diesen leckeren chinesischen Salat auf der ganzen Welt so beliebt macht.

Kimchi

Koreanische Küche

🕘 20 Minuten 🍽 2 Portionen

+ 1 bis 8 Tage Garzeit

Kimchi ist ein traditionelles koreanisches Gericht, das mit Chinakohl und Chiliflocken zubereitet wird, die anschließend eingelegt werden. Dies ist eines der beliebtesten koreanischen Gerichte, die auf der ganzen Welt bekannt sind. Kimchi-Kohl ist ein Grundbestandteil der koreanischen Ernährung.

Zutaten

- 1 großer Chinakohl, in mittelgroße Würfel geschnitten
- 4 EL Meersalz
- 4 EL koreanisches Chilipulver (Gochugaru)
- 4 EL Wasser
- 2 Knoblauchzehen
- 1 EL gemahlener Ingwer
- 2-3 Frühlingszwiebeln, gehackt
- 1 Chili, gehackt
- 2 EL Fischsauce
- 1/2 Apfel, auf Püree gerieben
- 1/2 Birne, auf Püree gerieben
- 1/2 Zwiebel, gerieben

Zubereitung

Mischen Sie in einer großen Schüssel den gehackten Chinakohl mit dem Meersalz und versuchen Sie, das Salz gut zu verteilen. Lassen Sie den auf diese Weise zubereiteten Kohl 4 Stunden lang stehen. Spülen Sie den Kohl nach 4 Stunden 2-3 Mal in Wasser ab, um ihn sauberzumachen. Spülen Sie den Kohl gründlich mit Wasser, doch vermeiden Sie es, den Kohl zu drücken.

Das Gochugaru-Chilipulver mit 4 Esslöffeln Wasser mischen und zu dem Kohl in den Behälter geben. Fügen Sie dem Kohl alle weiteren Zutaten hinzu: Fischsauce, die geriebene Zwiebel, den geriebenen Apfel, die geriebene Birne, die gehackte Chilischote, den gemahlener Ingwer, die Frühlingszwiebeln, den zerquetschter Knoblauch. Alles gründlich mischen (vorzugsweise mit Gummihandschuhen). Bedecken Sie den Behälter und lassen den Kohl ca. 24 Stunden bei Raumtemperatur gären.

Stellen Sie den Behälter mit Kimchi nach 24 Stunden in den Kühlschrank, wo er noch einige Tage gären sollte (im Idealfall für eine Woche).

SNACKS

Green Smoothie

Koreanische Küche

20 Minuten   2 Portionen

Warum sind Green Smoothie eigentlich so bleibt? Wahrscheinlich weil der „Salat im Glas" einfach irre gesund ist und in der richtigen Variante (sprich ohne Früchte) sogar beim Abnehmen hilft. Grüne Smoothies sind reich an Vitaminen, Mineralstoffen und sekundären Pflanzenstoffen, leicht verdaulich und blitzschnell zubereitet. Da alle Zutaten roh gemixt werden, enthalten sie ungesättigte Fettsäuren, Vitamine, Mineralstoffe, Spurenelemente, Enzyme und Antioxidantien, Ballaststoffe und Proteine.

Zutaten

- 50 g Sojabohnen
- 50 g Rucola
- 50 g Blattspinat
- Fruchtfleisch einer halben Avocado
- 10 Mandeln
- 100 ml Wasser

Zubereitung

Sojabohnen in einen Topf mit kochendem Wasser geben und kochen bis diese weich sind.
Alle Zutaten in einen Mixer geben und gut verquirlen.

Je nachdem, welche Konsistenz gewünscht ist, mehr oder weniger Wasser hinzufügen.

TIPP: Weitere Geschmacksvarianten ergeben sich durch die Lieblingskräuter Ihrer Wahl oder andere Zutaten wie ein wenig Ingwer.

Rührei vietnamesischer Art

Vietnamesische Küche

20 Minuten 4 Portionen

Zutaten

- 150 g Hähnchenfilet
- 1 Eiweiß
- 1 ganzes Ei (für den Geschmack)
- 1/2 Paprikaschote
- 1/2 kleine Chili Schote
- 1 Prise geriebene Muskatnuss
- Currypulver
- Cayennepfeffer
- ein Paar Stile Koriandergrün
- Salz und Pfeffer
- etwas Öl

Zubereitung

Hähnchenfilet waschen, trocken tupfen und in kleine Streifen schneiden.
Paprika waschen, entkernen und würfeln.

Ei und Eiweiß verquirlen und kräftig mit Salz, Pfeffer und Muskat würzen.
Öl erhitzen und Hähnchenstücke rundum kräftig anbraten.

Mit Salz, Pfeffer, Curry und Cayennepfeffer würzen.
Entkernte und klein geschnittene Chilischote dazugeben.
Verquirlte Eier darüber gießen und stocken lassen.

Gewaschene und kleingehackte Korianderblätter darüber streuen.

Grüne Erbsen in Salz

🕘 20 Minuten 🍽 2 Portionen

Chinesische Küche

Extrem frisches, aromatisches und gesundes Gericht, das eine ideale Beilage bietet.

Zutaten

- 300 g frische Schneeerbsen
- 1 EL Erdnussöl
- 1 EL Knoblauch, fein gehackte
- 1/4 TL Salz
- 1-2 EL Sojasauce

Zubereitung

Die Erbsen abspülen, die Enden abschneiden und die harten Fasern entfernen. Den Wok erhitzen, Öl einfüllen. Sobald dieser heiß ist, Knoblauch hinzufügen, unter Rühren einige Sekunden braten, Erbsen und Salz hinzufügen.

Beim nächsten Rühren Sojasauce hinzufügen und eine weitere Minute rühren (die gesamte Bratzeit beträgt ca. 2 Minuten).

Guten Appetit!

Pak Choi

🕘 30 Minuten 🍽 2 Portionen

Chinesische Küche

Pak Choi ist ein sehr beliebtes Gemüse, welches oft in der chinesischen Küche verwendet wird. Es ist dunkelgrün mit fleischigen weißen Stielen, die in Rosetten gesammelt sind und einen leicht bitteren Geschmack haben. Es ist eine Quelle für Eisen, Magnesium, Natrium, Kalium, Kalzium, Fluor, Phosphor, sowie B- und C-Vitamine und ist sehr gesund.

Die folgende Pak Choi Variante, kann ideal als Ergänzung zum Abendessen serviert werden.

Zutaten

- 4 Pak Choi Kohl (schrumpft sehr stark unter dem Einfluss der Hitze)
- 2 Knoblauchzehen
- 1 Stück frischer Ingwer (Größe je nach persönlichem Geschmack)
- Frittieröl (idealerweise Sesamöl)
- Sojasauce
- 1/2 TL getrockneten Chili
- 1/2 TL braunen Zucker
- eine Handvoll Sesam

Zubereitung

Erhitzen Sie ein wenig Öl auf einem Wok und braten Sie den Knoblauch und den Ingwer. Fügen Sie Pak Choi, braunen Zucker und getrockneten Chili hinzu. Den Kohl zart braten.

Fügen Sie die Sojasauce hinzu und kochen Sie alles für eine Minute (wenn das Pak Choi anfängt zu verbrennen oder zu verkleben, fügen Sie Wasser hinzu).

Das fertige Gericht mit Sesam bestreuen und heiß servieren.

Guten Appetit!

Frühlingsrollen aus Hanoi

🕘 60 Minuten 🍽 4 Portionen

Vietnamesische Küche

Frühlingsrollen kommen ursprünglich aus Saigon, dem Süden Vietnams. Mit Hanoi gibt es eine besonders leckere Version, die wir für dieses Buch gewählt haben.

Zutaten für 20 Frühlingsrollen

- 40 g getrocknete Mun Pilze
- 40 g dünne Mungbohnen Nudeln
- 200 g frische, ungekochte Garnelen, geschält
- 200 g gemahlenes Schweinefleisch
- 200 g Krabbenhackfleisch oder Weißfisch
- 1⁄2 Zwiebel, fein gehackt
- 1 EL Fischsauce
- 1 EL Puderzucker
- 2 TL Salz
- 2 TL frisch gemahlener weißer Pfeffer
- 20 Blatt Reispapier
- Pflanzenöl zum Frittieren

Zum Garnieren

- Kopf Eisbergsalat
- Minzblätter
- Vietnamesische Minzblätter

Dipp

- 3 EL Fischsauce
- 3 EL Reisessig
- 2 EL Zucker
- 2 Knoblauchzehen, gehackt
- 1 Chili Schoten, in dünne Scheiben schneiden
- 2 EL Limettensaft

Zubereitung

Bereiten Sie zuerst den Dip vor: Mischen Sie die Fischsauce, den Reisessig, den Zucker und 125 ml Wasser in einem kleinen Topf und kochen Sie alles bei schwacher Hitze unter Rühren bis kurz vor dem Kochen auf (nicht zum Kochen bringen). Vom Herd nehmen, abkühlen lassen und vor dem Servieren Knoblauch, Chili und Limettensaft hinzufügen.

Gießen Sie die Mun-Pilze mit heißem Wasser auf und lassen Sie sie diese 20 Minuten stehen. Gießen Sie das Wasser ab und schneiden Sie die Pilze in kleine Stücke.

Bringen Sie die Mungbohnen Nudeln im Wasser zum Kochen und lassen Sie sie 10 Minuten ruhen. Abgießen und mit einem Messer in kleinere Fäden schneiden.

Garnelen, Fleisch und Fisch vermengen. In einer großen Schüssel Pilze, Nudeln, Garnelen, Fleisch, Fisch, Zwiebeln, Fischsauce, Puderzucker, Pfeffer und 2 TL Salz mischen. Die Mischung mit der Hand kneten, bis alles gut vermischt ist.
Gießen Sie warmes Wasser in eine große Schüssel und tauchen Sie das Reispapier nacheinander ein, bis es weich ist.
Tragen Sie je eine Portion der Mischung (etwa 2 gehäufte Esslöffel) auf ein Ende des Papiers auf, wickeln Sie die Seiten bis in die Mitte ein. Fetten Sie die andere Hälfte des Papieres ein und wickeln das Ganze bis zum Ende. Wiederholen Sie diesen Schritt für 20 Frühlingsrollen.

Öl im Wok erhitzen. In gleichmäßigen Portionen braten (ca. 4-5 Frühlingsrollen gleichzeitig, sodass sie aneinanderkleben) bis sie braun und knusprig werden.

Legen Sie die Frühlingsrollen kurz auf Küchenpapier, sodass das Fett kurz abtropfen kann.
Den in Blätter gewickelten Salat und die Minze zusammen mit dem Dip servieren.

Kalte Sommerrollen mit Dipp

Vietnamesische Küche

40 Minuten 4 Portionen

Zutaten

- ein paar Reispapier
- 1 Karotte
- 1 rote Paprika
- 1 Gurke
- 2-3 Zuckererbsen
- 100 g Salatmischung
- eine Handvoll Sojasprossen
- 2 EL Fischsauce
- 1 EL Palmzucker
- 1 Chili Schote
- 2 cm Stück Ingwer
- 1 Knoblauchzehe
- 3 EL natives Olivenöl
- Zitrone
- Limette

Zubereitung

Beginnen Sie mit dem Gemüse und schneiden die Karotten in sehr dünne Streifen, die Paprika in Streifen, die Zuckererbsen längs in Hälften. Entfernen Sie die Samen der Gurke mithilfe eines Löffels und schneiden sie diese in längliche Streifen (Sie können hierzu auch einen Gemüseschäler verwenden)

Lassen Sie das Reispapier kurz in Wasser einweichen. Tragen Sie dann eine kleine Menge des gehackten Gemüses auf die Mitte des Reispapierblatts auf. Fügen Sie eine Mischung aus Salat und Sprossen hinzu.
Wickeln Sie das Reispapier zur Hälfte ein, falten die Enden auf beiden Seiten nach innen und wickeln es dann zu einer Rolle zu Ende. Dies wiederholen Sie bis alle Zutaten aufgebraucht sind.

Zubereitung der Sauce: Schneiden Sie die Chili-Schoten fein, reiben Sie ein Stück Ingwer und eine Knoblauchzehe. Geben Sie die Zutaten in eine Schüssel und fügen den Palmzucker, den Zitronensaft (ohne Kerne) und etwas Limettensaft hinzu. Geben Sie nun etwas natives Olivenöl und einen Schuss Fischsauce dazu. Mischen Sie alles und stellen es für 15 Minuten beiseite. Fertig!

Genieße Sie diesen frischen und gesunden Snack aus Vietnam.

Vegetarische Frühlingsrollen

40 Minuten 4 Portionen

Vietnamesische Küche

Vegetarische Frühlingsrollen sind nicht nur für Vegetarier ein leckeres Gericht. Traditionelle Frühlingsrollen werden aufgerollt, aber Anfänger können diese auch wie europäische Kroketten falten.

Zutaten für 15 Frühlingsollen

- 15 Blatt Reispapier
- 5 getrocknete Mun-Pilze
- 100 g Mungo Bohnen Sprossen
- 1/4 Kopf kleiner Weißkohl
- 1 rote Paprika
- 1 mittelgroße Karotte
- 1 kleiner Lauch
- 1/2 Chili Schote
- 2 EL Sojasauce
- Currygewürz, nach Geschmack

Zubereitung

Die Mun-Pilze eine halbe Stunde lang im heißen Wasser einweichen lassen, bis sie größer und weich werden. Danach schneiden Sie diese in dünnere Streifen. Dann den Kohl hacken, die Karotten auf einer Reibe reiben, die Paprika fein hacken.

Die gehackten Mun-Pilze in eine heiße Pfanne geben und den Kohl, die Karotten, die Paprika und den Lauch hinzufügen. Kurz köcheln lassen, bis das Gemüse weich ist, dann Mungo Bohnen Sprossen hinzufügen.
Die Chili Schote fein hacken und zum Gemüse hinzufügen, die Sojasauce und das Curry-Gewürz hinzufügen.

Legen Sie jedes Blatt Reispapier vor dem Einrollen kurz in warmes Wasser. Portionieren Sie die Masse mithilfe eines Löffels und legen Sie die Portion am unteren Rand des Reispapiers, falten Sie die Seiten des Papiers nach innen und rollen Sie das Ganze auf.

Erhitzen Sie einen Wok oder eine tiefe Pfanne mit reichlich Öl. Die Frühlingsrollen in Chargen in heißes Öl legen. Eine Weile braten, bis das Papier golden wird. Legen Sie die Rollen nach dem Braten kurz auf Küchenpapier, sodass das überschüssige Fett abtropfen kann.
Heiß mit einer fertigen Chilisoße servieren.

Chinesische Teigtaschen

Chinesische Küche

30 Minuten 4 Portionen

Zutaten

- 1 Tasse Weizenmehl
- 1/2 Tasse Reismehl
- 100 ml Wasser
- 300 g gekochtes Schweinefleisch
- 50 g Bambussprossen, gehackt
- 3 EL Frühlingszwiebeln, gehackt
- 1/2 TL Gewürzsalz mit 5 Geschmacksrichtungen
- 1/2 TL scharfe Chilischote
- 1 EL Sojasauce
- 1 EL Reiswein (optional halbtrockener Sherry)
- 1 EL gemahlener oder frischer, fein geriebener Ingwer
- 1 Ei, geschlagen

Zubereitung

300 Gramm gekochtes Schweinefleisch fein schneiden. Geben Sie zum Fleisch 3 EL fein gehackte Frühlingszwiebeln, die gehackten Bambussprossen, jeweils 1 EL Reiswein, Sojasauce und gemahlenen Ingwer, 1/2 TL Paprika und 1/2 TL Salz mit fünf Geschmacksrichtungen. Fügen Sie der Mischung das zuvor geschlagenen Hühnerei hinzu. Mischen Sie alles zusammen, um eine gleichmäßige Füllung zu erhalten.

Sieben Sie nun die Tasse Weizenmehl und die halbe Tasse Reismehl in eine größere Schüssel. Fügen Sie ein wenig Salz hinzu und gießen ca. 100 ml Wasser hinzu. Kneten Sie den Teig, bis er weich ist, aber nicht klebt. Lassen Sie den gekneteten Teig 20 Minuten lang bedeckt stehen.

Nach dieser Zeit den halben Teig auf einem mit Mehl bedeckten Brett ausrollen. Schneiden Sie aus dem gerollten Teig, mit einem Glas mit einem Durchmesser von 7 cm Kreise mit einer eine Dicke von ca. 2 mm aus.

Legen Sie mit einem Löffel je eine kleine Fleischfüllung in die Mitte jeder Scheibe, klappen Sie die Scheibe zur Hälfte um und verkleben Sie die Enden der Teigtaschen mit ihren Fingen (zur Not können Sie etwas Wasser zur Hilfe nehmen). Wiederholen Sie diesen Vorgang mit dem Rest des Teigs und der Füllung.

Stellen Sie einen Bambusdampfer ein oder ein Sieb über einen Topf mit kochendem Wasser auf. Anschließend legen Sie die Teigtaschen hinein, bedeckten diese mit einem Deckel oder Küchentuch und lassen Sie sie abgedeckt etwa 15 Minuten lang kochen.

Servieren Sie die chinesischen Teigtaschen mit Sojasauce.

HAUPTGERICHTE

HUHN

Huhn in Orangensauce

Chinesische Küche

40 Minuten 4 Portionen

Dies ist eines der Gerichte, die sehr oft in chinesischen Küchen zu Hause zubereitet werden. Es erfordert nicht viel Arbeit und ist sehr schnell zubereitet.

Zutaten

- 300-400 g Hähnchenbrust
- 1 Stück Ingwer
- 3 Knoblauchzehen

Sauce

- 1 Glas Orangensaft
- 3 EL Zucker
- 1-2 EL Maisstärke, je nachdem, wie dick die Sauce werden soll
- 1 EL scharfe Chilisauce

Zubereitung

Hähnchenbrust in Stücke schneiden, dann in einer leichten Sojasauce unter Zusatz von Maisstärke mischen und ca. 15 Minuten marinieren.

Zucker und Maisstärke in ein Glas Orangensaft mischen, dann einen EL scharfe Chilisauce hinzufügen.

Die Knoblauchzehen und den Stück Ingwer fein schneiden. Den Knoblauch und Ingwer auf das heiße Öl geben. Fügen Sie das Hühnerfleisch hinzu und braten es für eine Weile. Dann gießen Sie die zuvor zubereitete Sauce dazu und braten bis die Sauce eindickt.

Nach der Zubereitung frische Basilikumblätter hinzufügen. Fertig!

Gebratener Reis mit Huhn und Bambus

🕘 30 Minuten 🍽 2 Portionen

Chinesische Küche

Zutaten

- 100 g Hähnchenbrust
- 100-150 g Jasminreis
- 1 Selleriestiel
- 1 Knoblauchzehe
- 2 cm Ingwer
- 1 Karotte
- 1 Zwiebel
- 50 g Bambussprossen
- 2 Eier
- 1-2 EL Butter
- Reisöl zum Braten
- 3-4 EL leichte Sojasauce
- 1 EL Sesamöl
- 1 Frühlingszwiebel
- Salz
- Pfeffer

Zubereitung

Marinieren Sie das Huhn in Salz und Pfeffer und lassen Sie es für 30 Minuten im Kühlschrank stehen. Jasminreis kochen und mit kaltem Wasser abspülen. Braten Sie zwei Eier unter kräftigem Rühren und zerteilen Sie sie in kleine Stücke.

Das Reisöl in einer Wok-Pfanne erwärmen und das vormarinierte Hähnchen braten. Sobald das Huhn anfängt goldig braun zu werden, Fleisch entnehmen und in eine separate Schüssel geben. Das Öl erneut erwärmen, das Gemüse hinzufügen und einige Minuten braten lassen. Sobald das Gemüse gebraten ist, fügen Sie den zuvor gekochten Jasminreis hinzu, braten Sie ihn unter stetigem Rühren.

Fügen Sie nun die Sojasauce und das Sesamöl hinzu. Gründlich mischen und eine Weile braten. Zum Schluss das zuvor gebratene Huhn und Ei hinzufügen.
Das fertige Gericht auf einen Teller geben und mit Frühlingszwiebeln bestreuen. Servieren Sie den gebratenen Reis mit passenden Saucen, wie z. B. Sambal Oelek oder Chili Sriracha.

Guten Appetit!

Grünes Curry mit Huhn

🕘 30 Minuten 🍽 2 Portionen

Chinesische Küche

Zutaten

- 1/2 grüne Paprika
- 1/2 rote Paprika
- 1/2 Zucchini
- 1/2 rote Zwiebel
- 1 Hühnerbrust
- 1 Karotte
- 2 TL gelbes Curry
- 1 EL Austernsauce
- 1 EL Siriracha-Chili-Sauce
- 2 TL grüne Curry-Paste
- 1 TL Kartoffelstärke
- 150 ml Gemüsebrühe
- 100 g Champignons
- Ingwerwürfel 2 cm Stück, fein gehackt
- Etwas Öl
- eine Prise Salz
- 20 ml Wasser

Zubereitung

Die Hähnchenbrust und das Gemüse in Streifen schneiden. Eine Pfanne mit Öl erhitzen, das Huhn braten, eine Prise Salz, einen TL gelbes Curry und den gehackten Ingwer hinzufügen. Beiseitestellen und die Pfannen waschen.

2 EL Öl erhitzen und das Gemüse 5 Minuten lang braten. Zuletzt die Champignons und das Huhn hinzufügen und 3 Minuten braten. Danach 1 EL Austernsauce, 2 TL grüne Curry-Paste, einen TL gelbes Curry, die Gemüsebrühe und einen TL Chili-Sriracha-Sauce hinzufügen. Schmoren Sie alles für ca. 5 Minuten.

Mischen Sie nun 1 TL Kartoffelstärke mit kaltem Wasser zusammen und geben Sie es zu der Pfanne, sodass die Soße anfängt zu verdicken.

Dieses Grüne Curry schmeckt am besten mit weißem Reis serviert.

Würziges Hühnchen-Curry

🕘 40 Minuten 🍽 4 Portionen

Indische Küche

Zutaten

- 2 mittelgroße Zwiebeln, gehackt
- 1 rote Paprika
- 2 EL Öl
- 1 Viertel TL Bockshornkleesamen
- 1 TL Schwarzkümmel
- 1 TL gehackter Knoblauch
- 1 TL geriebener Ingwer
- 1 TL gemahlener Koriander
- Salz, nach Geschmack
- 1 Dose Tomaten, in Stücken
- 2 EL Zitronensaft
- 350 g Hühnchen, gewürfelt
- 2 EL gehackter Koriander
- 3 grüne Chilischoten, gehackt
- Koriander, fein gehackt

Zubereitung

Erhitzen Sie das Öl in einer tieferen Pfanne oder einem Wok. Braten Sie den Bockshornklee und den Schwarzkümmel einige Sekunden lang darin.

Dann geben Sie die Zwiebeln, den Knoblauch und den Ingwer dazu und braten alles (etwa 5 Minuten) bis die Zwiebel golden werden. Fügen Sie nun die Tomaten, den gemahlenen Koriander, Salz und Zitronensaft hinzu. Braten und ca. 3 Minuten gut vermischen.

Fügen Sie nun das geschnittene Huhn hinzu und kochen Sie es 5-7 Minuten. Geben Sie den gehackten Koriander, die grüne Chilischoten und die Paprika hinzu.

Etwas Wasser dazu geben und bedeckt ca. 10 Minuten kochen lassen, bis das Fleisch zart ist. Das Gericht sollte eine homogene Konsistenz haben. Wenn Sie zu viel Wasser hinzugefügt haben, können Sie immer etwas länger kochen, damit das Wasser verdunstet. Dann lässt es sich perfekt mit Reis oder Couscous kombinieren.

Zum Schluss mit gehacktem Koriander bestreuen. Guten Appetit!

Huhn Jalfrezi

Indische Küche

40 Minuten 4 Portionen

Jalfrezi ist ein indisches Gericht aus der Curry-Familie. In diesem Fall braten wir das Hühnchen und Gemüse zusammen mit Knoblauch, Ingwer, Zwiebeln und anderen Gewürzen, bis eine dicke Sauce entsteht. Die Sauce hat ein wirklich sensationelles Aroma und besticht mit ihrem ungewöhnlichen Geschmack.

Zutaten

- 675 g Hühnerbrust, in kleine Stücke geschnitten
- 1 EL Öl
- 1 Zwiebel, fein gehackt
- Etwas roter Pfeffer, gemahlen
- Etwas grüner Pfeffer, gemahlen
- 1 TL Kreuzkümmel
- 1 Knoblauchzehe, gehackt
- 2,5 cm Stück Ingwer, fein gehackt
- 1/2 TL Kurkuma
- 1 TL Garam Masala
- 1/4 TL Chilipulver
- 1 TL gemahlener Koriander
- 1 TL gemahlener Kreuzkümmel
- 400 g Tomatenkonserven, gehackt
- 2 EL frischer Koriander, fein gehackt
- Salz

Zubereitung

Erhitzen Sie das Öl in einem großen Topf und braten Sie darin den nicht gemahlenen Kreuzkümmel, bis dieser anfängt leicht zu verbrennen. Dann geben Sie die gehackten Zwiebeln und die zwei unterschiedlichen Pfeffersorten hinzu und lassen alles für ca. 5-6 Minuten braten.
Nach einer Weile geben Sie den gehackten Knoblauch und Ingwer hinzu und lassen alles zusammen ca. 2 Minuten braten.

Nach 2 Minuten geben Sie den gemahlenen Koriander, das Chilipulver, den gemahlenen Kreuzkümmel, die Masala Gewürzmischung, das Kurkuma hinzu. Schmecken Sie die Mischung mit etwas Salz ab und lassen alles zusammen eine Weile lang braten.
Fügen Sie das zuvor fein geschnittene Huhn und einen TL gehackten Koriander hinzu und lassen Sie es zusammen mit den Gewürzen 10 Minuten braten.

Zum Schluss geben Sie die Tomaten hinzufügen und lassen Sie das Gericht 15 Minuten unter einem Deckel kochen. Mit frischem Koriander garnieren und mit gekochtem Reis servieren.

Soja-Nudeln mit Pute und Pilzen

30 Minuten 2 Portionen

Chinesische Küche

Zutaten

- 150 g Soja-Nudeln
- 150 g Putenbrust
- 8 Shiitake-Pilze
- 10 Mun Pilze
- ein paar Pilze Ihrer Wahl, zum Beispiel Champignons
- 2 Knoblauchzehen
- 2 cm Ingwer
- ein paar Brokkoli-Rosen
- 6 EL Austernsauce
- 2 EL leichte Sojasauce
- 1 TL Sambal Oelek
- Reisöl zum Braten

Zubereitung

Die Shiitake Pilze 30 Minuten in heißes Wasser legen. Die Putenbrust in 2 EL leichter Sojasauce marinieren und ebenfalls ca. 30 Minuten ziehen lassen.

Die Shiitake-Pilze, die Mun-Pilze und die Soja-Nudeln für ca. 10-15 Minuten im kochenden Wasser kochen lassen und anschließend absieben.

Das Öl in einer Pfanne erhitzen und die in Scheiben geschnittene Hähnchenbrust braten bis ein goldbrauner Ton entsteht. Anschließend in einem Teller bei Seite stellen.

Braten Sie nun den Brokkoli an, fügen Sie nach 5 Minuten die Pilze, den gehackten Ingwer und Knoblauch hinzu und braten Sie alles einige Minuten lang.

Nun die Sojanudeln zum Gemüse geben, mischen und braten.

Geben Sie 6 EL Austernsauce, 2 EL leichte Sojasauce und einen TL Sambal-Oelek zur Mischung, mischen und einige Minuten braten.

Gießen Sie ein wenig Wasser in den Wok. Wenn die Sauce zu dünnflüssig wird, können Sie sie mit etwas Maisstärke eindicken.

Erhitze Sie zum Schluss alles für einen Moment bei starker Hitze. Anschließend können Sie servieren. Guten Appetit!

Huhn in Massaman Curry Sauce

Thailändische Küche

60 Minuten 4 Portionen

Zutaten

- 400-500 g Hähnchenbrust
- Zitronengras, fein gehackt
- 1/2 TL Galangal Pulver
- 1 TL Kurkumapulver
- ein paar fein gehackte Knoblauchzehen
- 1 EL Koriandersamen
- 1 EL Kreuzkümmel
- mehrere Chilischoten
- 1/4 Kürbis, geschält und grob gehackt
- 1l Kokosmilch
- Chilipulver
- geschälte Kartoffeln, grob gehackt
- 1 Zwiebel
- eine Handvoll Erdnüsse
- 2 EL Fischsauce
- 1 EL Palmzucker
- 500 ml Wasser
- Garnelenpaste
- Frischer Koriander mit Wurzeln
- Salz
- gekochter Reis

Zubereitung

Die Koriandersamen und den Kreuzkümmel rösten, bis sie anfangen ein Aroma abzugeben. Dann zerdrücken Sie alles mit einem Mörser (alternativ mit einem Messergriff).

Gießen Sie eine große Menge Öl in die Wok-Pfanne und erhitzen Sie diese. Legen Sie die vorbereiteten Zutaten; die Kurkuma, den zerhackten Knoblauch, die Korianderwurzeln hinein. Nach einer Weile das Zitronengras und Galangal Pulver, dann die ganzen Chilischoten hinzufügen. Braten Sie alles kurz und fügen Chilipulver, Garnelenpaste und gemahlene Gewürze hinzu. Der Inhalt wird anschließend (idealerweise mit dem Mörser) zu einer einheitlichen Paste gemahlen.

Gießen Sie die Kokosmilch in einen Topf und fügen Sie die zuvor zubereitete Paste hinzu. Kochen bis das Öl an der Oberfläche der Kokosmilch zu erkennen ist, dann die Hitze reduzieren. Fügen Sie dann das nach Belieben geschnittene Huhn, die gehackten Kartoffeln und den Kürbis hinzu und fügen Sie Wasser (ca. 500 ml) hinzu.
Kochen Sie alles langsam bei schwacher Hitze für ca. 40 Minuten. Am Ende des Garvorgangs alle restlichen Zutaten hinzufügen: die Zwiebeln, die Erdnüsse, 2 EL Fischsauce, einen EL Palmzucker, die Limettenblätter und etwas Salz.

Servieren Sie das fertige Gericht mit Reis. Mit gehacktem Koriander dekorieren.

Guten Appetit!

Grünes Curry

Thailändische Küche

30 Minuten 4 Portionen

Zutaten

- 130 g grüne Bohnen
- 200 g kleine Pilze
- 2 Hähnchenfilets
- 1 TL gemahlenes Zitronengras
- 4 getrocknete Limettenblätter
- 400 ml Kokosmilch
- 2 EL grüne Curry-Paste
- 2 Handvoll gefrorene Erbsen
- 1 EL Mehl
- Salz und Pfeffer, nach Geschmack
- Öl
- 200 g Reisnudeln
- Koriander

Zubereitung

Erhitzen Sie die Wok-Pfanne und gießen Sie das Öl ein. Nach dem Aufwärmen das gewürfelte Huhn hinzufügen.

Fügen Sie die Limettenblätter und das gemahlene Zitronengras zum gebratenen Huhn hinzu. Salz und Pfeffer dazugeben.

Kochen Sie die grünen Erbsen kurz in einem Topf, sodass sie knackig und nicht verkocht sind. Legen Sie die Bohnen in eine Schüssel mit kaltem Wasser (Sie können ein paar Eiswürfel hinzufügen).

Die Pilze in dicke Scheiben schneiden. Gießen Sie die Kokosmilch zum Huhn, geben Sie dann die Pilze und einen Löffel Mehl dazu. Einige Minuten kochen lassen.

Wenn die Sauce etwas dicker wird, fügen Sie die kalten Erbsen hinzu. Eine Weile köcheln lassen.

Zum Schluss gehackte Korianderblätter hinzufügen.

Pasta mit Shiitake-Pilzen in Sojasauce

40 Minuten 4 Portionen

Thailändische Küche

Zutaten

- 250 g Putenbrustfilet
- 200 g Asia Eiernudeln
- 10 Shiitake-Pilze
- 2 Knoblauchzehen
- 1 Zwiebel
- 1 Frühlingszwiebel
- 8 Blätter römischen Salats
- 5 EL dunkle Sojasauce
- 1 TL Zucker
- Saft einer Zitrone
- 2 Eier
- 2 TL Sambal Oelek Sauce
- 1 TL Maisstärke
- Erdnussöl zum Braten
- Pfeffer
- Wasser

Zubereitung

Schneiden Sie das Filet in dünne Scheiben. Anschließend wird das Fleisch in der Marinade aus Sojasauce, Zucker und etwas Zitronensaft gelegt und 20 Minuten stehen gelassenen.
Die Nudeln gemäß den Anweisungen auf der Verpackung vorbereiten, absieben und in eine Schüssel geben. Shiitake-Pilze in kochendes Wasser geben bis sie weich sind, absieben und in Streifen schneiden.

Die Eier in einen Topf mit heißem Wasser geben hart kochen. Den Salat in Stücke teilen, die Zwiebel in feine Streifen schneiden, den Knoblauch und den Schnittlauch hacken. Geben Sie das Fleisch zusammen mit der Marinade in eine Pfanne, braten Sie es an und tun alles auf einen separaten Teller. Nun werden die Zwiebeln, die Pilze und der Knoblauch in derselben Pfanne gebraten. Nach einer Weile fügen Sie den Salat hinzu.

Fügen Sie nun das gebratene Fleisch zu dem gebratenen Gemüse und vermischen Sie alles. Mischen Sie einen TL Maisstärke mit 1/3 Tasse Wasser, um eine homogene Konsistenz zu erhalten, und gießen Sie es in die Schüssel, mit den vorbereiteten Nudeln. Tun Sie nun die Nudeln in die Pfanne mit dem Fleisch und dem Gemüse und mischen Sie alles gründlich durch.

Würzen Sie das Gericht mit würzigem Sambal Oelek, Sojasauce, Pfeffer und Zitronensaft.
Zum Schluss das gewürfelte Ei hinzufügen und mit fein gehackten Frühlingszwiebeln bestreuen.
Guten Appetit.

Huhn mit schwarzen Bohnen auf Instantnudeln

🕘 40 Minuten 🍽 4 Portionen

Chinesische Küche

Zutaten

- 400 g Hähnchenfilets, in schmale Streifen schneiden
- eine Prise Salz
- eine Prise Maisstärke
- 2 EL Kokosöl
- 1 Knoblauchzehe
- 1 kleine Zwiebel
- 4 EL schwarze Bohnensauce
- 1 rote Paprika, in Streifen geschnitten
- 1 grüne Paprika, in Streifen geschnitten
- 100 g Shiitake Pilze
- 1/2 TL Salz
- 1/2 TL Zucker
- 3 EL Sojasauce
- 250 g Instantnudeln

Zubereitung

Hähnchenbrust in Streifen schneiden, in eine Schüssel geben, eine Prise Salz und eine Prise Maisstärke hinzufügen und mit Wasser bedecken (sodass das Fleisch komplett bedeckt ist). 30 Minuten stehen lassen.

Gießen Sie 1 EL Kokosöl in einen Wok oder eine Pfanne und braten Sie das Huhn 4 Minuten lang darin. Nehmen Sie dann das Fleisch aus der Pfanne legen Sie es und auf einen Teller.

Geben Sie erneut einen EL Kokosöl in die Pfanne geben Sie den Knoblauch, die Zwiebelwürfel, die in Streifen geschnittene rote und grüne Paprikaschoten, die gehackte Pilze und die schwarze Bohnensauce hinzufügen. Alles für 2-3 Minuten braten lassen.

Geben Sie anschließend die Hühnerbrust und die zuvor zubereiteten Instantnudeln wieder in den Wok. Würzen Sie alles mit einem halben TL Salz und Zucker und 3 EL Sojasauce. Alles gründlich vermischen und eine Weile braten lassen. Nachdem Zubereiten sofort heiß servieren.

Thai-Nudeln mit Huhn

🕘 30 Minuten 🍽 4 Portionen

Thailändische Küche

Zutaten

- 1/2 rote Paprika
- 1/2 grüne Paprika
- 1/2 gelbe Paprika
- 1 Zwiebel
- 1 Karotte
- 1 Knoblauchzehe
- 1 Ingwer-Nelke
- 1 Hühnerbrust
- 250 ml Gemüsebrühe
- 1 EL Sriracha-Chili-Sauce
- 1 EL Hoisinsauce
- 1/2 EL Fischsauce
- 2 EL leichte Sojasauce
- 1 EL Austernsauce
- 300 g Eiernudeln
- 1 TL Sesam

Zubereitung

Schneiden Sie die Paprika, die Pilze, die Zwiebeln, die Karotten in Steifen und halten Sie das gehackte Gemüse getrennt bereit. Hacken Sie die Knoblauchzehe, den Ingwer klein und stellen Sie es beiseite. Schneiden Sie die Hühnerbrust in gleichmäßige Streifen.

Mischen Sie einen Gemüsebrüh- Würfel mit 250 ml heißen Wasser an, fügen Sie 1 EL Chilisauce, 1 EL Hoisinsauce, 1/2 EL Fischsauce, 2 EL leichte Sojasauce und 1 EL Austernsauce dazu und vermischen Sie alles gründlich.
Bereiten Sie die Nudeln gemäß der Anweisung auf der Verpackung zu und sieben Sie sie ab.

Braten Sie nun das Huhn in einer heißen Pfanne und legen Sie das Fleisch anschließend in einem Teller beiseite. Den Knoblauch und Ingwer eine Weile braten bis sie ein kräftiges Aroma abgeben, dann die Karotten und Zwiebeln hinzufügen. 1 Minute lang braten und den Rest des Gemüses hinzufügen. Vermischen Sie alles und lassen es 4 Minuten braten. Fügen Sie das Hühnchen und die Nudeln hinzu. Alles eine weitere Minute braten und mit der Sauce vermischen. Mit Sesam bestreuen und 3 Minuten schmoren lassen.

Huhn in Kulka Teig gebraten

🕘 30 Minuten 🍽 4 Portionen

Chinesische Küche

Zutaten

- 1 Hühnerbrust
- 1 TL Sambal Oelek Paste
- 1 TL granulierter Knoblauch
- 1 TL geröstete Zwiebel
- 1 TL Salz
- 1 TL Pfeffer
- 1 TL Backpulver
- 1 Ei
- 200 ml Wasser
- 30 g Kartoffelstärke
- 50 g Maismehl
- 150 g Weizenmehl
- 1/2 l Frittieröl
- 1 TL Sesam

Zubereitung

Die Hähnchenbrust in etwa 2 x 2 cm große Würfel schneiden, in eine Schüssel geben und mit einem TL Sambal Oelek Paste würzen. Mischen und 10 Minuten ruhen lassen.

Geben Sie das Ei, jeweils 1 TL granulierten Knoblauch, geröstete Zwiebel, Backpulver und Salz, 30 Gramm Kartoffelstärke, 60 Gramm Maisstärke und 150 Gramm Weizenmehl in eine Schüssel. Mischen Sie alles und geben Sie nach Maß und Bedarf etwas Wasser hinzu um einen dick flüssigen Teig zu erhalten. (Der Teig sollte dicker als Pfannkuchenteig sein.) Legen Sie anschließend die Fleischstücke in den Teig und mischen sie gründlich, sodass sie komplett umhüllt mit Teig sind.

Eine tiefe Pfanne oder einen Wok auf 150/160 Grad erhitzen - nicht mehr. Legen Sie die Fleischstücke in das heiße Öl, wenden diese und braten das Huhn in Chargen bis ein goldbrauner Farbton zu erkennen ist. Die gebratenen Stücke können auf Küchenpapier ausgelegt werden, sodass das überschüssige Fett abgefangen wird. Wenn Sie sie alle fertig gebraten haben, erwärmen Sie das Öl stärker und legen Sie alle Stücke auf einmal in den Wok und braten Sie diese bis sie komplett goldbraun sind.

Mit Kokos- oder Sesam bestreut - mit Reis und würziger Sauce servieren. Guten Appetit!

Huhn mit Bambus

Chinesische Küche

30 Minuten 4 Portionen

Zutaten

- 450 g Hähnchenbrust, in feine Streifen geschnitten
- 1,5 Tassen Hühnerbrühe (400 ml)
- 1 EL Austernsauce
- 125 g Bambus, in Streifen geschnitten
- 1 EL Sesamöl
- 1 TL Ingwer, fein gehackt
- 2 Knoblauchzehen, fein gehackt
- 1 EL halbtrockener Sherry
- 1 TL Maisstärke
- Salz und schwarzer Pfeffer nach Belieben
- etwas Wasser

Zubereitung

Das Sesamöl in einer Wok-Pfanne erhitzen. 450 Gramm in feine Steifen geschnittenes Hühnerfleisch, fein gehackten Ingwer und zwei fein gehackte Knoblauchzehen heiß anbraten. Das Ganze unter Rühren braten, bis das Huhn goldbraun wird.

Nach etwa 2 Minuten einen EL halbtrockenen Sherry hinzufügen und mischen. Fügen Sie die Austernsauce und 1,5 Tassen Hühnerbrühe hinzu, kochen alles unter kräftigem Rühren.

Nach einer Minute Kochen, 125 Gramm geschnittenen Bambus hinzufügen und mit Salz und Pfeffer abschmecken. Mischen und ca. 2 Minuten kochen lassen.

In der Zwischenzeit in einer kleinen Schüssel einen TL Maisstärke mit einem EL Wasser vermischen. Die gelöste Maisstärke in den Wok geben, um die Sauce zu verdicken. Mischen Sie alles, während Sie es für eine weitere Minute kochen.
Das chinesische Gericht ist fertig, wenn ein gleichmäßiges, würziges Aroma entsteht.

Vietnamesisches Huhn mit Blumenkohl

30 Minuten 2 Portionen

Vietnamesische Küche

Zutaten

- 2 große Stücke Hähnchenbrust, in dünne Streifen geschnitten
- 2 Knoblauchzehen, gehackt
- Salz
- Pfeffer
- 4 EL Öl
- 2 große Zwiebeln, in Achtel geschnitten
- 600 g Blumenkohlrosen
- 2 getrocknete, rote Chilischoten
- 2 EL Maisstärke
- 1 Glas Hühnerbrühe
- 1,5 TL Sojasauce
- 1 EL Reisessig
- 1 EL Fischsauce

Zubereitung

Die Hähnchenbrust mit Salz und Pfeffer würzen, Knoblauch hinzufügen. Alles vermischen und 10 Minuten ruhen lassen.

Erhitzen Sie das Öl in einem Wok und fügen Sie das Huhn mit Gewürzen dazu. Lass Sie es kurz braten, sodass es goldig wird. Legen Sie das Fleisch anschließend auf einen Teller bei Seite.

Geben Sie in eine zweite Pfanne etwas Öl, tun Sie die in Würfel gehackten Zwiebel dazu und lassen Sie diese 2-3 Minuten braten, bis sie anfangen goldbraun zu werden. Dann fügen Sie den in gleich große Stücke geschnittenen Blumenkohl und die klein gehackten Chilischoten hinzu. Vermischen Sie alles und lassen Sie es etwas für ungefähr 5 Minuten braten.

Bereiten Sie die Sauce zu, indem Sie alle Sauce Zutaten zusammen mischen. Gießen Sie anschließend die Sauce in den Wok und fügen Sie anschließend das Huhn und zum Schluss das Gemüse hinzu. Braten bis alles bis sowohl die Sauce verdickt ist, das Huhn durch und der Blumenkohl weich und dennoch knackig ist.

Servieren Sie das fertige Gericht mit Reis oder Nudeln.

Guten Appetit!

Vietnamesisches Huhn im Zitronengras

🕘 30 Minuten 🍽 4 Portionen

Vietnamesische Küche

Zutaten

- 500 g Hühnerbrust, in Würfel geschnitten
- 1 mittelgroße Zwiebel, in kleine Würfel geschnitten
- 3 EL Zitronengras, gehackt
- 2 EL Fischsauce
- 2 Chilischoten, fein gehackt
- 4 EL Erdnussöl
- 3 EL Zucker
- 4 Knoblauchzehen, fein gehackt
- Schnittlauch, fein gehackt
- 1 EL Currygewürz

Zubereitung

Nehmen Sie in eine mittelgroße Schüssel und mischen Sie darin 2 EL Fischsauce, 1 EL Zucker, 1 EL Currygewürz, 4 fein gehackte Knoblauchzehen und eine kleine Menge Wasser. Geben Sie 500 g der geschnittenen Hühnerbrust in die gerade zubereitete Marinade dazu und vermischen Sie alles gut. Das marinierte Fleisch ca. 10-15 Minuten in den Kühlschrank stellen.

5 EL Wasser zusammen mit 2 Esslöffeln Zucker in einem mittelgroßen Topf erhitzen. Alles mischen, bis sich der Zucker aufgelöst hat und Karamell gebildet wird. Dann etwas Wasser zum Karamell dazu geben. Nach gründlichem Mischen zum marinierten Huhn hinzufügen.

Erdnussöl in einem Wok erwärmen. Anschließend die gehackten Chilischoten, gewürfelte Zwiebel und das Zitronengras hinzufügen. Braten Sie das ganze unter stetigem Rühren, bis Sie ein intensives Aroma riechen können.

Fügen Sie das Huhn mit dem Karamell und den restlichen Zutaten der Marinade zu der gebratenen Zwiebel hinzu. Alle Zutaten unter ständigem Rühren braten, bis das Fleisch braun ist und die Sauce eindickt. Nach ca. 5-6 Minuten kann das vietnamesische Hähnchen in Zitronengras mit fein gehacktem Schnittlauch dekoriert und zusammen mit Reis serviert werden.

Gebratenes Huhn mit Brokkoli

20 Minuten 4 Portionen

Vietnamesische Küche

Zutaten

- 250 g Instantnudeln
- 4 EL Pflanzenöl
- 600 g Hähnchenbrust, in kleine Stücke geschnitten
- 1 große Zwiebel, in dünne Scheiben geschnitten
- 3 Knoblauchzehen, zerkleinert (oder gemahlener Knoblauch)
- 300 g Brokkoli, grob gehackt
- 100 ml Austernsauce
- 2 EL leichte Sojasauce
- 30 g Mun Pilze
- Wasser

Zubereitung

Instantnudeln in einem Topf mit kochendem Wasser geben. Absieben, sobald diese al dente sind, mit kaltem Wasser abgießen und beiseitestellen.

Gießen Sie die Mun-Pilze mit kochendem Wasser auf und lassen Sie sie nach ca. 5 Minuten in einem Sieb abtropfen.

Erwärmen Sie 2-3 EL Pflanzenöl in einer Wok-Pfanne und braten Sie das Hühnchen in kleineren Chargen goldbraun. Legen Sie das gebratene Huhn beiseite, z. B. auf ein Küchentuch, um es vom Fett abtropfen zu lassen.

Fügen Sie restlichen 2 EL Pflanzenöl in die Wok-Pfanne und erhitzen Sie es. Die gehackte Zwiebel auf das heiße Fett geben und goldbraun braten. Fügen Sie das gebratene Huhn, 300 Gramm gehackten Brokkoli, die Mun Pilze, 100 ml Austernsauce und 2 EL Sojasauce zu den gebratenen Zwiebeln hinzu. Alles zusammen braten und umrühren, bis der Brokkoli weich wird.

Wenn alle Zutaten richtig durchgebraten sind, geben Sie die zuvor vorbereiteten Nudeln in den Wok dazu. Alles mischen und eine Weile erhitzen.

Das leckere vietnamesische Gericht ist nun servierfertig.

Brathähnchen mit Nori

Japanische Küche

30 Minuten 4 Portionen

Zutaten

- 400 g Hähnchenbrust
- 4 EL japanische Sojasauce
- 4 EL Reiswein
- 4 cm Stück Ingwer, sehr fein gerieben
- 1 Nori-Seetang, in sehr kleine Stücke geschnitten
- 40 g Kartoffelmehl
- Öl zum Frittieren
- Gurke zum Servieren
- eingelegter Ingwer zum Servieren

Zubereitung

Das Hähnchen in gleich große Stücke schneiden.

In einer kleinen Schüssel japanische Sojasauce, Reiswein und Ingwer geben und gründlich mischen. Geben Sie das Huhn dazu, mischen Sie es und stellen Sie es für 15 Minuten in den Kühlschrank. Nach dieser Zeit das Fleisch von der Marinade abtropfen lassen.

Den gehackten Nori-Seetang mit Mehl mischen und das Huhn darin wenden.
Bereiten Sie eine Fritteuse oder einen Wok vor, erhitzen Sie darin das Öl auf ca. 180 °C. Legen Sie das Huhn in Chargen hinein und braten Sie es goldbraun, wobei Sie von Zeit zu Zeit die Hühnchen Stücke wenden sollten.

Lassen Sie die Stücke auf Papiertüchern abtropfen. Das fertige Huhn mit Reis servieren und mit Gurke und Ingwer dekorieren.

Thailändisches Basilikum-Huhn mit Wok Gemüse ⌚ 30 Minuten 🍽 2 Portionen

Thailändische Küche

Eine schnelle Zubereitung, einfache Zutaten und ein hervorragendes Aroma bietet dieses traditionelle thailändische Gericht. Wir empfehlen es mit Reis zu servieren – so zaubern Sie ein sehr schnelles und leckeres Abendessen.

Zutaten

- 2 EL Frittieröl
- 3 Knoblauchzehen, zerkleinert
- 3 thailändische Chilischoten, in Scheiben geschnitten (Sie können weniger verwenden oder die Samen entfernen, wenn Sie keine sehr scharfen Gerichte mögen)
- 400 g Hähnchenschenkelfilets
- 2 EL Austernsauce
- 1 TL Sojasauce
- 20 - 30 Blätter Thai-Basilikum
- Limettensaft zum Bestreuen

Zubereitung

Öl in einer Pfanne erhitzen, Knoblauch und Chili dazugeben und 1 Minute lang braten. Fügen Sie das Hühnerfleisch hinzu und braten dieses bis es durch ist.

Fügen Sie die Austernsauce und die Sojasauce hinzu und mischen Sie alles eine Minute lang. Thai- Basilikumblätter hinzufügen, sorgfältig vermischen, mit Limettensaft beträufeln und am besten mit Reis sofort servieren.

Wok Huhn mit chinesischem Sellerie

Chinesische Küche

45 Minuten 4 Portionen

Das Wok Huhn mit chinesischem Sellerie ist ein schnelles und sehr einfaches Gericht. Entscheidend für das gute Gelingen sind die hohe Temperatur im Wok und die Verwendung des chinesischen Selleries, der sehr viel aromatischer ist als das europäische Gegenstück.

Zutaten

- 2 kleine Stücke Hähnchenbrust
- 100 g chinesischer Sellerie
- 1 Karotte
- 2 Knoblauchzehen, in Scheiben geschnitten
- Erdnussöl zum Braten
- 1 EL Shoxing-Wein – alternativ kann spanischen Sherry verwendet werden
- 1 TL Maisstärke (gemischt mit 2 Esslöffeln kaltem Wasser)
- 1 TL weißer gemahlener Pfeffer
- 1 EL Sojasauce
- Salz

Zubereitung

Hähnchenbrust in etwa 3 mm breite Scheiben schneiden. Shaoxing Wein, Salz und einem EL Öl in eine Schüssel geben, mischen und das Fleisch 30 Minuten in der Sauce marinieren.

Waschen Sie den Sellerie gründlich, trennen Sie die Blätter von den Stielen und schneiden Sie die Stiele in 4 cm große Stücke. Die Karotte in dünne Scheiben schneiden.

Den Wok erhitzen, bis er zu rauchen beginnt, 2 EL Öl hinzufügen, Knoblauch hinzufügen und 20 Sekunden braten. Das Hühnchen hinzufügen und braten bis das Fleisch gar ist. Nehmen Sie das Huhn aus dem Wok und legen es bei Seite. Fügen Sie die Karotten- und Selleriestangen in den Wok und braten Sie das Gemüse bis es zart ist.

Fügen Sie das Huhn, Pfeffer und die Sellerieblätter hinzu. Zum Schluss fügen Sie die Sojasauce und die mit Wasser gemischte Maisstärke hinzu.

Das Gericht passt hervorragend zu Reis.

ENTE

Pekingente - einfaches Rezept

Chinesische Küche

60 Minuten 4 Portionen

+ 2 bis 4 Stunden Backzeit

Die Ente aus unserem Rezept schmeckt komplett nach der original in Peking servierten. Wir haben jedoch die Zubereitungsmethode des Fleisches selbst erheblich vereinfacht. Das ursprüngliche Verfahren ist ziemlich kompliziert und bedarf der zweistündigen Lüftung in einem speziellen Ventilator.

Zutaten

- 2 kg Ente, ganz
- Salz, fünf Geschmacksrichtungen
- frisch geriebener Ingwer (zum Reiben der Ente)
- 1 mittelgroße Gurke
- 8 Stängel Schnittlauch

Peking-Entensauce

- 3 EL Hoisinsauce (chinesisch, dickflüssig)
- 1,5 EL chinesische Brühe
- 2 EL Pflaumensauce

Zubereitung

Den Backofen auf 175 °C vorheizen. Die Ente waschen und gut trocknen. Reiben Sie die Ente von außen und innen mit Salz und frisch geriebenem Ingwer ein und bestreuen Sie sie zuletzt mit dem Salz mit fünf Geschmacksrichtungen.

Legen Sie die Ente auf das Backblech und backen Sie diese, wobei Sie von Zeit zu Zeit überschüssiges Fett entfernen. Die Ente muss backen, bis die Kruste sehr knusprig ist (Es dauert je nach Entengröße 2 bis 4 Stunden).

Wenn die Ente fertig ist, das Fleisch mit einer Gabel abtrennen und mit knuspriger Haut in schmale Streifen schneiden.

Entfernen Sie die Samen der Gurke mithilfe eines Löffels. Gurke und Schnittlauch in 8 cm lange Streifen schneiden. Legen Sie die Gurken und Schnittlauch Streifen rund herum abwechselnd auf einem Teller aus und verteilen Sie die Entenstücke in der Mitte davon.

Mischen Sie die Zutaten der Sauce und verteilen Sie diese in 4 kleine Schälchen.

Original im Restaurant in Peking wird die Ente mit den Fingern in die Sauce gedippt und gegessen. Für ein pures Geschmackserlebnis empfehlen wir die gleiche Verzehrweise!

Guten Appetit!

Ente in Orange und Ingwer – vietnamesischer Art

🕘 50 Minuten 🍽 4 Portionen

Vietnamesische Küche

+ 1,5 Stunden Kochzeit

Die vietnamesische Ente ist mit dem Aroma Mix aus Anis, Ingwer, Zitronengras und Orangensaft die perfekte Wahl für ein Sonntagsessen.

Es kann sowohl eine eher milde, als auch schärfere Version zubereitet werden, je nachdem, ob wir Kinder oder ältere Menschen unter den Gästen dabeihaben. Auch während der kälteren Tage kann man sich an den Ingwer-aromen dieses Gerichts herrlich erwärmen.

Zutaten

- 5 Stücke Entenbrust (Sie können eine komplette Ente verwenden, die in 5-6 Stücke geteilt wird. Wenn sie eine komplette Ente nehmen, brauchen Sie ungefähr 0,5 l mehr Orangensaft.)
- 0,75 l frisch gepresster Orangensaft
- 3 Zitronengräser
- 1 kleine, rote Chili Schote ohne Samen (Wenn Sie eine scharfe Version wünschen, können Sie 2 Schoten nehmen und die Samen verwenden)
- 0,2 l Kokosmilch
- 3 Anissterne
- 5 Knoblauchzehen
- 1 dickes Stück Ingwer (Länge etwa 7 cm)
- 2 EL Fischsauce
- schwarzer Pfeffer, frisch gemahlen
- Schnittlauch zum Garnieren
- 2 TL Maisstärke

Zubereitung

Zerlegen Sie eine Ente, sodass Sie 5 gleich große Stücke Entenbrust haben. Die Stücke in einer Pfanne mit etwa einer halben Tasse geschmolzenem Fett bei mittlerer Hitze braten, bis die Kruste golden wird. Nun drehen Sie die Entenstücke um und braten die andere Seite ca. 3 Minuten. Legen Sie die Entenstücke auf ein Schneidebrett und schneiden diese in 1 cm breite Streifen.

Die Knoblauchzehen und den Ingwer in Scheiben schneiden, in 3 Esslöffeln Fett anbraten. Wenn der Knoblauch beginnt goldig zu werden und der Ingwergeruch die Küche füllt, Orangensaft in die Pfanne geben und die mit einem Messer zerdrückten Zitronengräser dazu geben. Fügen Sie den Sternanis, die Fischsauce, Chili, die Kokosmilch und die Entenstreifen zusammen mit der Sauce, die aus der Ente ausgetreten ist, hinzu. Bei mittlerer Hitze 1,5 Stunden bedeckt kochen lassen.

Wenn die Ente zart ist, fügen Sie die Maisstärke (aufgelöst in 3 Esslöffeln kaltem Wasser) zu der Sauce hinzu, sodass diese eingedickt wird.

Mit Schnittlauch drapieren und zusammen mit Reis servieren.

RIND

Rindfleisch in Austernsauce

🕘 30 Minuten 🍽 4 Portionen

Chinesische Küche

Für dieses Gericht ist es wichtig, eine Austernsauce von besonders guter Qualität zu verwenden.

Zutaten

- 450 g magere Rindersteaks (Lendenstück oder Roastbeef)
- 1 EL leichte Sojasauce
- 2 TL Sesamöl
- 1 EL Reiswein
- 2 TL Maisstärke (alternativ kann Kartoffelmehl verwendet werden)
- 3 EL Erdnussöl
- 3 EL Austernsauce
- 1,5 Frühlingszwiebeln, gehackt

Zubereitung

Schneiden Sie das Fleisch entlang der Fasern in 5 cm lange und 5 mm dicke Streifen.

Gießen Sie die Sojasauce, das Sesamöl und den Reiswein in eine Schüssel mit dem gehackten Rindfleisch und fügen Sie das Mehl hinzu. Die Zutaten mischen und die Marinade 20 Minuten beiseitestellen.

Geben Sie das Erdnussöl in einen Wok und erhitzen Sie es auf hoher Stufe. Geben Sie dann das marinierte Fleisch hinein und braten sie es, bis es golden braun wird.

Das Rindfleisch aus dem Wok nehmen und in einem Sieb absieben. Beseitigen Sie das Bratöl, wischen Sie den Wok trocken und erwärmen Sie den Wok anschließend ohne Öl. Gießen Sie dann die Austernsauce in den Wok und erhitzen Sie sie, bis sie zu "sprudeln" beginnt. Geben Sie nun das Fleisch erneut in den Wok und mischen Sie es gründlich mit der Sauce, bis das Fleisch komplett bedeckt ist.

Bestreuen Sie das Fleisch mit Frühlingszwiebeln und servieren Sie das fertige Gericht idealerweise mit Reis.

Guten Appetit!

Sellerie mit Rinderhackfleisch im Sichuan-Stil

30 Minuten 2 Portionen

Chinesische Küche

Sellerie passt als zartes Gemüse besonders gut zu Rindfleisch. Wenn Sie eine solche Kombination noch nicht probiert haben, empfehlen wir Ihnen dieses Gericht aus der Sichuan-Küche.

Zutaten

- 300 g Sellerie
- 3 EL Erdnussöl
- 100 g Rinderhackfleisch
- 1,5 EL Bohnen-Chilipaste
- 1,5 EL fein gehackter, frischer Ingwer
- leichte Sojasauce, nach Geschmack
- 1 TL Chinkiang-Essig

Zubereitung

Entfernen Sie die harten Fasern vom Sellerie und schneiden Sie ihn in 1 cm große Würfel. Wasser in einem Topf zum Kochen bringen, den Sellerie 30 Sekunden lang darin erhitzen lassen und absieben.

Erhitzen Sie den Wok bei starker Hitze bis er zu rauchen beginnt, gießen Sie ein wenig Öl ein und verteilen Sie es an den Wänden (dies verhindert, dass die Zutaten an den Wänden des Woks haften bleiben). Gießen Sie 3 weitere EL Öl dazu und erhitzen Sie es.

Fügen Sie das Hackfleisch hinzu, rühren Sie es um, um die Stücke zu trennen, und braten Sie, bis es durch und zart ist. Fügen Sie Bohnen- und Chilipaste hinzu und braten Sie alles unter Rühren eine Weile, bis das Öl anfängt eine rote Farbe zu bekommen.

Nun fügen Sie den gehackten Ingwer hinzu und braten ihn unter Rühren für eine Weile. Fügen Sie die Selleriestücke dazu und braten Sie weiter, ohne das Rühren zu unterbrechen, bis der Sellerie heiß ist. Mit etwas Sojasauce abschmecken. Zum Schluss Essig hinzufügen und sofort servieren.

SCHWEIN

Schweinefleisch mit 5 Geschmacksrichtungen

Chinesische Küche

30 Minuten   4 Portionen

Zutaten

- 400 g mageres Schweinefleisch
- Frühlingszwiebeln
- Karotten
- Bambus
- Pak Choy
- Grüne Paprika (statt des frischen Gemüses, können Sie alternativ auch 1,5 Päckchen gefrorenes Gemüse / chinesische Mischung nehmen)
- 3 EL Sojasauce
- 1,5 TL chinesisches Gewürz - 5 Geschmacksrichtungen
- 1/2 TL gemahlener oder frischer Ingwer
- ca. 400 ml Brühe (angemischt aus einem Brühwürfel oder eine selbst gemachte Variante)
- 3 EL Öl
- 1 EL Mehl
- Salz
- Pfeffer

Zubereitung

Schneiden Sie das Fleisch in dünne Streifen und würfeln Sie es. Erhitzen Sie das Öl in einem Wok und braten Sie das Fleisch darin. Fügen Sie Salz und Pfeffer hinzu und schmecken das Fleisch ab.

Nachdem das Wasser aus dem Fleisch entwichen ist, fügen Sie das Gemüse hinzu und braten es bis es durch ist. Gießen Sie 300 ml Brühe dazu. Würzen Sie alles mit Sojasauce, dem 5 Geschmacksrichtungen Gewürz und Ingwer. Lassen Sie alles zusammen schmoren, bis das Gemüse und das Fleisch weich sind.

Wenn die Flüssigkeit der Brühe verdunstet ist, fügen Sie den Rest der Brühe hinzu. Um die Sauce zu verdicken, fügen Sie das in Wasser aufgelöste Mehl hinzu.

Das fertige Gericht mit gekochtem Reis servieren. Genießen Sie das Gericht heiß!

Würziges Schweinefleisch in Karamell

Vietnamesische Küche

30 Minuten 4 Portionen

Zutaten

- 600 g Schweinehals, in Stücke geschnitten
- 1 große Zwiebel, in große Streifen geschnitten
- 1 Tasse Wasser (250 ml)
- 1/3 Tasse weißer Zucker (75 ml)
- 2 EL Fisch Sauce
- 1 TL Sambal Oelek Sauce
- 1/4 TL chinesisches Gewürz - 5 Geschmacksrichtungen
- 2 EL fein gehackte Frühlingszwiebeln
- 3 EL Pflanzenöl
- 3 Portionen Reis

Zubereitung

Das in Stücke geschnittene Schweinefleisch in heißes Öl in einer Wok-Pfanne geben, umrühren, bis es weich wird. Anschließend die Zwiebelstreifen hinzufügen und braten. Wenn die Zwiebel weich und golden wird, alles entnehmen und in einem Teller beiseitestellen.

Gießen Sie den Zucker und 1/4 Tasse Wasser in einen kleinen Topf. Erhitzen Sie den Zucker bei schwacher Hitze bis er eine karamellierte Farbe annimmt. Das restliche Wasser und die Fischsauce hinzufügen und mischen. Den Sirup kochen, bis er dick geworden ist und ein großer Teil des Wassers verdunstet ist.

Legen Sie das Schweinefleisch wieder in die Wok-Pfanne und gießen Sie den Karamellsirup darüber. Mit fünf Geschmacksrichtungen und Sambal Oelek würzen. Das Ganze einige Minuten braten, bis ein großer Teil der Flüssigkeit verdunstet ist.

Das Schweinefleisch in Schalen portionieren und mit gehackten Frühlingszwiebeln bestreuen. Mit Jasminreis servieren.

Nudeln aus Shanghai

🕘 40 Minuten 🍽 4 Portionen

Chinesische Küche

In den Straßen von Shanghai trifft man regelmäßig auf Straßenhändler, welche dicke, gebratene Nudeln anbieten. Diese Nudeln sind speziell für diese Stadt. Wir empfehlen es als ein sehr schnelles und sehr sättigendes Abendessen.

Zutaten

- 100 g Schweinefleisch, in schmale Streifen geschnitten (wir empfehlen Filet)
- 1 TL Shaoxing (oder trockener Sherry)
- 1/2 TL leichte Sojasauce
- 400 g frische Shanghai-Nudeln (da es schwierig ist, diese zu bekommen, können Sie diese auch durch frische Udon-Nudeln ersetzen)
- 2 EL Erdnussöl
- 100 g frischer Spinat (nur Blätter)
- ein paar gehackte Schnittlauch Stiele

Sauce

- 2 EL leichte Sojasauce
- 1 EL dunkle Sojasauce
- 1/2 TL Maisstärke
- 1 EL Zucker
- 1 TL gemahlener, weißer Pfeffer
- 1/4 TL Salz

Zubereitung

Mariniertes Schweinefleisch in schmale Streifen schneiden, in eine Mischung aus Shaoxing-Wein und leichter Sojasauce legen und eine halbe Stunde stehen lassen. Mischen Sie die restlichen Zutaten für die Sauce.

Kochen Sie die Nudeln (wie auf der Verpackung beschrieben; Udon-Nudeln werden buchstäblich eine halbe Minute lang in kochendes Wasser gelegt). Absieben und mit kaltem Wasser abspülen.

Erhitzen Sie einen Wok bei starker Hitze, bis er leicht zu rauchen beginnt. Gießen Sie einen halben EL Öl hinein, verteilen Sie ihn auf den Wänden und erhitzen Sie das Öl. (Wenn Sie keinen Wok haben, können Sie auch eine normale Pfanne verwenden, aber der Bratvorgang dauert hierbei etwas länger.)

Das Schweinefleisch in den Wok geben und unter Rühren eine Minute lang braten. Legen Sie das Fleisch auf einen Teller. Gießen Sie das restliche Öl in den Wok und erhitzen Sie es. Nudeln und Sauce hinzufügen und gut mischen. Fügen Sie das Fleisch nun wieder hinzu, dann den Spinat und braten Sie alles unter Rühren, bis der Spinat Wasser abgibt und durch ist.

Schnittlauch hinzufügen, umrühren, fertig.

Gebratene Schweineschulter Gochujang

Chinesische Küche

30 Minuten 4 Portionen
+ 12 Stunden marinieren

Zutaten

- 800 g Schweineschulter ohne Knochen und Haut
- Koreanische Grill Gewürz-Mischung
- 120 g Gochujang (koreanische Pfefferpaste) oder Chilipaste
- 4 kernlose Pflaumen
- 1 Knoblauchzehe
- 3 cm Ingwer
- 3 Stück Frühlingszwiebel mit Schnittlauch
- 1 Zimtrinde
- 50 ml Pflanzenöl
- 50 ml Sesamöl
- 50 ml Sojasauce
- 120 ml süßer japanischer Reiswein
- 120 ml trockener Sake

Zubereitung

Das Fleisch in 1 cm dicke Stücke schneiden, mit Salz und Gewürzen bestreuen und für ca. 12 Stunden zum Marinieren abgedeckt in den Kühlschrank stellen.

Sojasauce, Sesamöl, Ingwer, Sake, Reiswein, Chilipaste, kernlose Pflaumen und Knoblauch in einen Becher geben. Gründlich mischen, dann in eine Pfanne geben und Zimt hinzufügen. Die Sauce 5-10 Minuten köcheln lassen und dabei ständig umrühren, bis sie dickflüssig ist. Die fertige Sauce absieben und in zwei Teile teilen.

Das Fleisch auf einem gut erhitzten Grill braten. Tauchen Sie die Fleischstücke während des Grillens in die süß-saure Sauce und grillen Sie weiter, wobei Sie darauf achten, dass die Sauce nicht verbrennt. Wiederholen Sie den Vorgang mehrmals, damit die Glasur auf der Fleischoberfläche leicht karamellisiert wird. Die Fleischstücke auf einer Platte anrichten und mit gehackten Frühlingszwiebeln bestreuen.

Würziges Schweinefleisch mit Cashewnüssen ◷ 40 Minuten ⓘ 4 Portionen

Chinesische Küche

Das Rezept für gebratenes Schweinefleisch mit Cashewnüssen ist in fast jedem chinesischen Kochbuch zu finden. Wir möchten das folgende, klassisches Rezept als ein schnelles, köstliches Wok Gericht mit Schweinefleisch empfehlen. (Mögen Sie es nicht zu scharf? Dann können Sie nur eine symbolische Menge Chili hinzufügen, sodass das Gericht auch für Kinder geeignet ist.)

Zutaten

- 1 EL Shaoxing-Wein oder halbtrockener Sherry (Wermut)
- 2 TL Maisstärke
- 3 EL leichte Sojasauce
- 2 TL Sesamöl
- 350 g Schweinefilet, in 0,5 cm große Streifen geschnitten
- 1 TL Zucker
- 3 EL Erdnussöl
- 2 TL geschälter und zerkleinerter Ingwer
- 2 TL fein gehackter Knoblauch
- 1/2 TL getrocknete Chilischoten
- 1 große, rote Chili Schote, in 0,5 cm große Streifen geschnitten
- 200 g Schneeerbsen gereinigt von Fasern (Sie können auch junge Zuckererbsen verwenden)
- 1 Tasse gesalzene, geröstete Cashewnüsse

Zubereitung

Mischen Sie den Wein, die Maisstärke und 1 EL Sojasauce und fügen Sie anschließend das Sesamöl hinzu. Das Filet dazugeben, gründlich mit der Sauce bestreichen und 10 Minuten stehen lassen. Mischen Sie den Zucker und die restlichen 2 EL Sojasauce.

Stellen Sie den Wok auf höchste Stufe, gießen Sie 1,5 EL Erdnussöl hinein und verteilen Sie es auf allen Seiten des Woks. Fügen Sie einen TL Ingwer, einen TL Knoblauch, 1/4 TL Chili hinzu und braten Sie alles unter Rühren bis das Aroma aufsteigt (ca. 10 Sekunden). Den Pfeffer hinzufügen und unter Rühren 2 Minuten braten. Fügen Sie die Erbsen und die Cashewnüsse hinzu und braten Sie alles unter stetigem Rühren, bis die Erbsen weich sind (ca. 1 bis 2 Minuten). Nehmen Sie das Gemüse aus dem Wok in eine Schüssel.

Geben Sie die restlichen 1,5 EL Erdnussöl in den Wok und erhitzen es wie zuvor. Den Rest des Ingwers, des Knoblauchs, des Chilis hinzufügen und unter Rühren braten bis Sie das Aroma riechen können (ca. 10 Sekunden). Fügen Sie das Filet hinzu und braten Sie die Fleischstücke unter Rühren und bis diese dezent braun werden (ca. 2 bis 3 Minuten). Fügen Sie das Gemüse und die Sojasauce mit dem Zucker hinzu und braten Sie alles unter fortlaufendem Rühren, bis das Gemüse wieder heiß ist (ca. 1 Minute).

Idealerweise heiß mit Jasminreis servieren.

Dschungelcurry mit thailändischer Aubergine

🕘 20 Minuten 🍽 2 Portionen

Thailändische Küche

Obwohl dieses Gericht ein thailändischer Klassiker ist, ist es wenig bekannt in Europa. Es wird ohne Verwendung von Kokosmilch zubereitet, da es aus dem Norden Thailands stammt, wo Kokosmilch viel seltener verwendet wird als im Süden, wo zahlreiche Kokospalmen zu finden sind. Das Dschungelcurry ist bunt, knackig, würzig und sehr aromatisch. Dabei bedarf die Zubereitung nur ca. 20 Minuten.

Tipps: Die Schärfe wird durch die Menge der verwendeten roter Curry-Paste bestimmt. Sanft würzig bei der Verwendung von 1 EL Paste, sehr scharf bei 6 EL. In diesem Rezept beschreiben wir die 3 EL-Version.

Zutaten

- 1 kleines Schweinefilet
- Erdnussöl zum Braten
- 3 EL fertige, thailändische, rote Curry-Paste
- 6 thailändische, runde Auberginen
- 100 g Schneeerbsen (oder junge Zuckererbsen)
- 2 cm Galangal, in Scheiben geschnitten
- 100 g kleine Maiskolben
- mehrere Limettenblätter (können frisch oder getrocknet sein)
- 1 EL Fischsauce
- 1 Glas Brühe (Sie können Granulat verwenden, aber es ist wichtig, dass es asiatisch ist)
- Thailändisches Basilikum (optional)

Zubereitung

Das Filet in ca. 4 mm dicke Scheiben schneiden. Auberginen vierteln.

2 EL Öl in einem Wok bei mittlerer Hitze erhitzen. Fügen Sie die Curry-Paste hinzu und braten Sie alles für ungefähr eine Minute.

Filetscheiben hinzufügen. Braten Sie diese, bis sie golden werden.

Fügen Sie das Galangal und alles andere Gemüse hinzu und braten Sie es eine Weile unter stetigem Rühren. Brühe hinzufügen. Bei mittlerer Hitze kochen, bis die Aubergine weich wird, dann die Limettenblätter hinzufügen und mithilfe der Fischsauce würzen. Noch 2 Minuten brutzeln lassen.

Mit thailändischem Jasminreis servieren – heiß genießen!

Chinesische Wok-Nudel

Chinesische Küche

20 Minuten 4 Portionen

Ein schnelles Gericht, das Sie in den Straßen von Shanghai finden und das sich großer Beliebtheit erfreut.

Zutaten

- 15 g frisch geschälter Ingwer
- 150 g Pak Choy
- 100 g Schweinefleisch
- Salz und Pfeffer
- 1,5 Tassen (300 ml) heißes Wasser
- 1 TL chinesisches Hühnerbrühe Granulat
- 1 EL Sojasauce
- 1 EL chinesischer Shaoxing-Wein
- 1 TL Austernsauce
- 4 EL Sonnenblumenöl
- 150 g gekochte chinesische Nudeln
- 1 EL Kartoffelmehl gemischt mit 1,5 EL Wasser
- 1 EL Sesamöl
- Reisessig (nach Geschmack)

Zubereitung

Den geschälten Ingwer mit einem Messer zerdrücken. Schneiden Sie die Blätter vom Pak Choy ab und die Stiele in schmale Streifen. Das Schweinefleisch mit Salz und Pfeffer würzen und in dünne Streifen schneiden.
Heißes Wasser zusammen mit dem Granulat, Sojasauce, Wein und Austernsauce in einer Schüssel mischen und für die spätere Verwendung beiseitestellen.

2 EL Sonnenblumenöl in einem Wok bei mittlerer Hitze erhitzen. Kochen Sie die Nudeln sodass sie durch, aber nicht zu weich sind. Auf einen Teller legen. Das restliche Sonnenblumenöl in den Wok geben, aufwärmen und den Ingwer hinzufügen. Braten Sie bis ein ebenmäßiges Aroma entsteht. Fügen Sie das Schweinefleisch hinzu und braten Sie es gründlich, bis das Fleisch zart ist. Fügen Sie die Pak Choy Stiele und nach einer Minute die Blätter hinzu. Nun fügen Sie die zuvor zubereitete Sauce hinzu.

Das Ganze zum Kochen bringen und das in Wasser gelöste Kartoffelmehl hinzufügen um die Sauce zu verdicken. Fügen Sie Sesamöl und den Reisessig hinzu (ungefähr je 1 TL) während Sie die Sauce abschmecken. Die Nudeln mit der Fleischsauce bedecken und sofort servieren.

Schweinefleisch süß-sauer

🕘 45 Minuten 🍽 2 Portionen

Chinesische Küche

Es gibt wahrscheinlich kein chinesisches Restaurant, das kein knuspriges Schweinefleisch in süß-saurer Sauce serviert. Dies ist ein Gericht, das auf der ganzen Welt bekannt ist. Der Schlüssel zum köstlichen Geschmack ist eine Sauce mit Zutaten, die so gut ausgewählt sind, dass sie ein Gleichgewicht zwischen süßem und saurem Geschmack gewährleisten.

Zutaten

- 250 g Schweinefleisch (Filet oder Schinken)
- Öl zum Frittieren + 2 EL Öl
- 1 Knoblauchzehe, fein gehackt
- 1⁄2 kleine rote Paprika, in Stücke geschnitten
- 1⁄2 kleine grüne Paprika, in Stücke geschnitten
- 1⁄2 Zwiebel, in Streifen geschnitten
- 1 Scheibe Ananas aus der Dose, in Stücken
- 1ein paar dicke Streifen Schnittlauch

Sauce

- 2 EL Ketchup
- 1 EL Pflaumensauce
- 1⁄2 EL Worcestershire-Sauce
- 1 TL Reisessig
- 1⁄2 TL Austernsauce
- 1 TL Zucker
- 4 EL Wasser
- 1⁄4 TL Sesamöl
- 1 TL Maisstärke (oder Kartoffelmehl)

Marinade

- 1 TL Sojasauce
- 1 TL Maisstärke (oder Kartoffelmehl)
- 1⁄2 TL Shaoxing Wein (oder Sherry)

Paniermehl

- 1⁄2 Tasse Mehl
- 1⁄4 Tasse Maisstärke (oder Kartoffelmehl)
- 1⁄2 TL Backpulver
- 1 Eiweiß
- 1/3 Tasse (80 ml) Wasser
- 1 EL Öl
- eine Prise Salz

Zubereitung

Die Marinade-Zutaten mischen, mit dem in kleine Würfel geschnittenen Fleisch mischen und 15 Minuten stehen lassen.

Mischen Sie alle Bestandteile für die Panierung bis eine gleichmäßige Konsistenz entsteht. Fügen Sie mariniertes Fleisch hinzu und mischen Sie es gründlich, damit das Schweinefleisch gleichmäßig mit Semmelbröseln überzogen ist.

Eine große Menge Öl in einem Wok (ca. 5 bis 7 cm) auf 175 °C erhitzen. Das Fleisch vorsichtig in das Öl geben und sofort mit einem Holzlöffel trennen, wenn die Würfel zusammenkleben sollten. Das Fleisch braten bis es hellbraun ist (die Beschichtung sollte knusprig sein).

(Wenn Sie viel Fleisch nehmen oder keinen großen Wok verwenden, braten Sie das Fleisch in zwei Chargen. Wenn Sie eine noch knusprigere Beschichtung erhalten möchten, braten Sie das Fleisch zweimal (das Öl sollte nach dem ersten Mal wieder erhitzt werden).

Legen Sie das Fleisch anschließend auf Papiertücher, um das Fett abtropfen zu lassen. Gießen Sie das Öl aus oder bewahren Sie es für das nächste Rezept auf.

Mischen Sie die Zutaten für die Sauce.
2 EL Öl in einem Wok bei starker Hitze erhitzen. Fügen Sie den Knoblauch hinzu, braten und rühren Sie ihn bis es gebräunt ist. Paprika, Zwiebeln, Ananas und Schnittlauch hinzufügen. Mischen Sie die Zutaten gründlich und fügen Sie alle weiteren Zutaten für die Sauce hinzu.
Sobald die Sauce eindickt, fügen Sie das Schweinefleisch hinzu und braten Sie es unter Rühren, bis alle Zutaten gleichmäßig mit der Sauce bedeckt sind.

Sofort servieren. Das Gericht schmeckt am besten zu Reis.

Curryfilet mit Couscous

Indische Küche

30 Minuten 4 Portionen

Zutaten

- 300 g Schweinefilet
- 3 Frühlingszwiebeln
- 4 cm Stück Ingwer
- 1 rote Chilischote
- 1 halbe Dose Mais
- 1 EL rote Curry-Paste
- 1 Dose Kokosmilch
- 1 EL Fischsauce
- 2 EL Sojasauce
- 2 TL Honig
- Couscous
- 1/2 Dose grüne Erbsen
- Korianderblätter
- Salz, Pfeffer
- Paprika Gewürz

Zubereitung

Schneiden Sie das Schweinefilet in dicke, schräge Scheiben, in eine Schüssel geben, mit Paprika und Salz würzen. Reiben Sie es ein und lassen es einige Minuten stehen.
Das Öl in einer Wok-Pfanne erhitzen und das Fleisch hineinlegen. Auf jeder Seite 2 Minuten braten.
Die Frühlingszwiebel in größere Stücke schneiden, den Chili in dünne Scheiben und den Ingwer in kleine Würfel hacken.

Entfernen Sie das Filet aus der Pfanne und legen Sie es beiseite. Dann die zuvor gehackten Gewürze (Chili, Ingwer) braten und mit Fischsauce würzen. Nach ca. 1 Minute einen TL rote Curry-Paste hinzufügen. Gründlich mischen.
Fügen Sie die Kokosmilch hinzu und lassen Sie diese 2 Minuten dünsten. Dann den Mais, die Frühlingszwiebeln und das zuvor gebratene Fleisch hineingeben. Vermischen Sie alles und lassen es noch 2 Minuten zusammen schmoren.

Zubereitung von Couscous: Den Couscous in kochendes Wasser geben (nach der Anweisung auf der Packung), etwas Salz hinzufügen, mischen, bis der Couscous das Wasser aufnimmt. Fügen Sie etwa 2 EL grüne Erbsen hinzu.

Die Sojasauce und den Honig zu dem gebratenen Fleisch hinzugeben und mischen. Auf dem gekochten Couscous servieren. Mit Korianderblättern bestreuen.

FISCH

Teriyaki-Lachs

Japanische Küche

20 Minuten · 2 Portionen
+ 60 Minuten Marinieren

Zutaten

- 1 Stück Lachsfilet
- 30 g Ingwer
- 3 Knoblauchzehen
- 3 EL Sojasauce
- 2 EL Reiswein
- 3 EL Austernsauce
- 1 TL Palmzucker
- 1 Römersalat
- weiße Sesamkörner
- Salz
- Pfeffer

Zubereitung

Das Lachsfilet in 4-5 cm dicke Streifen schneiden. Ingwer und Knoblauch in feine Scheiben schneiden, den römischen Salat vierteln.

Geben Sie die Sojasauce, die Austernsauce, den Reiswein und den geriebenen Palmzucker in eine Schüssel. Nun tränken Sie die Lachsstücke darin und würzen sie mit Salz und Pfeffer. Legen Sie die Ingwer- und Knoblauchscheiben auf den Fisch und lassen ihn so etwa eine Stunde lang marinieren.

Erhitzen Sie eine Pfanne mit Olivenöl und lassen den Lachs auf der Hautseite anbraten. Beim Braten wieder Ingwer dazu geben. Entfernen Sie nach 2-3 Minuten den Ingwer und drehen Sie die Fischstücke um. Auf dieser Seite ca. 1 Minute braten und anschließend die Marinade dazu geben, die sich nach einer Weile verdicken wird.

Zum Schluss den Römersalat in der restlichen Sauce anbraten. Den fertigen Fisch auf Teller verteilen, mit etwas Soße begießen, mit Salat servieren und mit Sesam bestreuen.

Guten Appetit!

Gebratene Nudeln mit Garnelen - Bakmie Goreng

25 Minuten 4 Portionen

Indonesische Küche

Dieses Gericht ist eine indonesische Version der Wok-Nudeln. Wie die meisten gebratenen Nudeln, ist auch dieses Gericht schnell zuzubereiten und bietet ein vollwertiges Abendessen.

Zutaten

- 350 g chinesische Eiernudeln
- 150 g Mungo-Bohnen Sprossen
- 3 Knoblauchzehen, zerdrückt
- 4 EL Erdnussöl
- 6-8 asiatische Schalotten
- 2-3 Bananen, geschält, in Scheiben geschnitten
- 200 g Rindfleisch, in dünne Streifen von 4 cm Länge geschnitten
- 200 g rohe Garnelen, geschält
- 1/2 Kopf Römersalat, grob gehackt
- 2 mittelgroße Karotten, in Scheiben geschnitten
- 4 mittelgroße Tomaten, geschält, entkernt, in Keile geschnitten
- 4 EL dunkle Sojasauce
- eine Handvoll Schnittlauch, gehackt
- Salz, nach Geschmack
- Koriander zum Garnieren, gehackt

Zubereitung

Kochen Sie die Nudeln gemäß der Zubereitungsanleitung auf der Verpackung (Sie können einen Moment kürzer kochen, da die Nudeln noch im Wok gebraten werden). Sieben Sie die Nudeln ab und gießen diese mit kaltem Wasser ab.

Sprossen waschen und gut absieben.

Erhitzen Sie einen Wok bei starker Hitze. Während er zu rauchen beginnt, gießen Sie eine kleine Menge Erdnussöl ein und verteilen es an den Wänden. Gießen Sie die verbleibende Menge Öl ein und erhitzen es erneut, bis es zu rauchen beginnt. Fügen Sie Schalotten hinzu und braten diese eine Weile, bis sie weich werden. Achten Sie darauf, dass Sie nicht verbrennen.

Fügen Sie den Knoblauch und das Fleisch hinzu und braten alles, bis das Fleisch durch ist. Fügen Sie die Garnelen hinzu und braten diese, bis sie rosa werden. Fügen Sie die Karotten und den Salat hinzu und braten alles unter ständigem Rühren, bis alles durch ist.

Fügen Sie Nudeln hinzu. Tun Sie dies in Chargen, indem sie die Nudeln mit Ihren Fingern trennen. Mischen Sie die Nudeln anschließend mit anderen Zutaten und braten diese ca. 4 Minuten lang unter dauerndem Rühren. Tomaten, Sojasauce und Schnittlauch hinzufügen, umrühren. Bei Bedarf mit Salz abschmecken.

Mit Koriander bestreut und idealerweise zu Reis servieren.

Kabeljau in süß-saurer Sauce

30 Minuten 4 Portionen

Chinesische Küche

Ein originelles Gericht, da es selten chinesische Fischrezepte mit einer süß-sauren Sauce gibt. Tomaten und Chinkiang-Essig oder europäischen Essig können als Basis für die Sauce verwendet werden.

Zutaten

- 800 g Kabeljau Filet
- 1 EL Shaoxing-Wein (alternativ mittel trockener Sherry oder trockener Wermut)
- 2 Eier, leicht geschlagen
- 1/2 Tasse Kartoffelmehl
- 1 TL Salz
- 0,5 l Rapsöl

Sauce:

- 100 g Zucker
- 2 Knoblauchzehen, fein gehackt
- 2 cm Stück Ingwer, fein gehackt
- 1 TL Sojasauce
- 4 EL dunkler Essig
- 1/2 Glas Wasser
- 1 EL Maisstärke zum Eindicken (gemischt mit etwas kaltem Wasser)
- Schnittlauch und Chili zum Garnieren

Zubereitung

Die Kabeljau Filets mit Haut in ca. 2 cm x 2 cm große Stücke schneiden. Geben Sie diese in eine Schüssel hinein, fügen Sie Shaoxing-Wein, Salz und Eier hinzu. Alles mischen und Kartoffelmehl hinzufügen.

Das Öl im Wok auf hoher Stufe erhitzen. Den Fisch in fünf bis sechs Chargen braten. Trennen Sie die Fischstücke mithilfe von Holzstäbchen, um sicherzustellen, dass diese nicht zusammenkleben. Wenn sie leicht golden werden, ziehen Sie diese mithilfe der Essstäbchen auf Küchenpapier heraus, um sie abtropfen zu lassen.

Jetzt ist die Sauce an der Reihe: gießen Sie 2 EL Öl ein in einem zweiten Wok (es sei denn, Sie können den ersten schnell reinigen). Knoblauch und Ingwer hinzufügen und braten. Jetzt fügen Sie alle Saucenbestandteile außer der Stärke hinzu. Kochen Sie die Sauce und fügen zum Schluss die Stärke hinzu. Sobald die Sauce dicker wird, zusammen mit dem Fisch auf Teller verteilen.

Mit Schnittlauch und dünn geschnittenem Chili garnieren.

Garnelen in Chili

⌚ 30 Minuten 🍽 4 Portionen

Japanische Küche

Garnelen und andere Meeresfrüchte haben einen besonderen Stellenwert in der asiatischen Küche. Dieser Klassiker eignet sich hervorragend als Vorspeise.

Zutaten

- 800 g rohe, ungeschälte Garnelen (bei gefrorenen Garnelen empfehlen wir rohe)
- 3 EL Sojasauce
- 1 EL Sesamöl
- 4 gehackte Knoblauchzehen
- 2 getrocknete Chilischoten, zerkleinert
- Öl zum Braten (Erdnussöl oder Rapsöl)
- Schnittlauch, gehackt
- 1 EL Chilisauce (es kann Chilisauce mit Knoblauch oder Sriracha sein)
- 1 TL Zucker
- 1 TL Maisstärke (gemischt mit 2 Esslöffeln kaltem Wasser)
- frischer Chili, in Scheiben geschnitten
- Koriander zum Garnieren

Zubereitung

Garnelen schälen, den Kopf und den Schwanz trennen.

Den Wok erhitzen, bis er leicht zu rauchen beginnt.

Gießen Sie ungefähr 3 EL Öl in den Wok. Fügen Sie Knoblauch und Chilischoten hinzu. Braten, bis der Knoblauch golden wird. Fügen Sie Zucker, Chilisauce, Sojasauce und die Garnelen hinzu. Braten Sie alles, bis die Garnelen rosa werden. Fügen Sie Sesamöl hinzu. Die Stärke im kalten Wasser vermischen. Nun die angemischte Stärke hinzufügen, einen Moment lang mischen bis die Sauce eindickt.
Mit Schnittlauch, Koriander und Chili bestreuen.

Fertig!

Lachs in Reis

Japanische Küche

🕘 40 Minuten 🍽 2 Portionen

Zutaten

- 250 g Lachs, in Salzwasser gekocht
- 2 Eier
- 1 EL leichte Sojasauce
- 2 EL Schnittlauch, fein gehackt
- 2 EL Pflanzenöl (Sesam oder Erdnussöl bevorzugt)
- 350 g Reis, gekocht
- schwarzer Pfeffer, nach Geschmack

Zubereitung

2 EL Pflanzenöl in einer Wok-Pfanne erhitzen, 2 verquirlte Eier dazu geben und kräftig braten. Sobald die Eier gebraten sind, fügen Sie 250 Gramm Lachs hinzu, der zuvor in Salzwasser gekocht und in Stücke geschnitten wurde.
Das Ganze unter Rühren braten. Fügen Sie nach einem Moment des Bratens einen EL leichte Sojasauce und schwarzen Pfeffer hinzu und schmecken es ab.

Fügen Sie nun 350 Gramm gekochten Reis zum Lachs hinzu. Zum Schluss 2 EL fein gehackten Schnittlauch zum Lachs im Reis geben. Alles gründlich mischen.

Das japanische Gericht ist nun servierfertig.

Surimi-Salat

Japanische Küche

20 Minuten 2 Portionen

Zutaten

- 1 Packung Surimi
- 3 EL würziger Ketchup
- 1 Avocado
- 1 Mango
- eine Handvoll Walnüsse
- 3 EL Olivenöl
- 1 Packung Rauke
- Saft einer Limette
- eine Handvoll Koriander
- 200 g Cocktail-Tomaten
- 1 rote Zwiebel
- 1 Baguette

Zubereitung

Zwiebel, Avocado und Mango schälen und in Scheiben schneiden. Surimi der Länge nach halbieren, dann in zwei cm lange Pfosten schneiden. Tomaten halbieren, Koriander hacken.

Vermischen Sie in einer Schüssel das Olivenöl mit dem Ketchup und dem Limettensaft. Fügen Sie die restlichen Zutaten hinzu und mischen Sie alles gründlich.

Den Salat mit gerösteten Baguettescheiben servieren.

Gegrillter Tintenfisch

Japanische Küche

40 Minuten 4 Portionen

+ 3 Stunden kühlen

Zutaten

- 750 g Tintenfisch
- 1 Packung Koreanisches Grill Gewürz
- 1 Chili Schote
- 1 Limette
- 1 EL Sesam
- eine Handvoll Koriander
- 1 EL Sesamöl
- 3 EL süße Sojasauce
- 2 EL Fischsauce
- 2 Prisen Salz

Zubereitung

Reinigen Sie den Tintenfisch von seinen Membranen und waschen Sie ihn gründlich. Bei Bedarf die Meeresfrucht in kleinere Stücke schneiden und vorsichtig mit Salz bestreuen. Chili fein hacken, Limettensaft aus der Limette auspressen und den Koriander hacken. Vermischen Sie das Sesamöl, den Chili, die Fischsauce und die Sojasauce und die koreanische Grill Gewürzmischung. Teilen Sie die so zubereitete Marinade in zwei Teile auf.

Die Calamari in einen Teil geben und gründlich mit der Sauce mischen. Lassen Sie den Tintenfisch einige Stunden in der Marinade im Kühlschrank stehen.

Dann backen Sie den Tintenfisch auf jeder Seite einige Minuten auf einer heißen Grillpfanne und achten Sie darauf, ihn nicht zu verbrennen. Das fertige Fischfleisch mit der restlichen Sauce bestreichen. Vor dem Servieren mit Koriander und Sesam bestreuen.

Garnelenspieße mit Tomatensalsa

Japanische Küche

30 Minuten 2 Portionen

Zutaten

- 400 g gefrorene Garnelen
- 3 EL Chilisauce
- 2 Knoblauchzehen
- 2 TL Koreanisches Grill Gewürz
- 1 Stück Ingwer
- 80 ml Öl
- 1 rote Zwiebel
- 1 Bund Basilikum
- 2 Limetten, in Viertel geschnitten

Zubereitung

Die Garnelen auftauen, die Schale schälen, reinigen und die Garnelen mithilfe von Küchenpapier trocknen. Den Knoblauch und den Ingwer mit einer feinen Reibe reiben.

Die Garnelen in einer Schüssel marinieren. Mischen Sie sie dazu das Öl, den Knoblauch, den Ingwer und die koreanische Gewürzmischung, legen Sie die Garnelen in die Marinade und lassen Sie diese für 20 Minuten im Kühlschrank ziehen.

Die vorbereiteten Garnelen anschließend mit jeweils 3 Stücken auf Holzstäbchen aufspießen.

Die Tomaten in kleine Würfel schneiden, Zwiebeln und Kräuter hacken. Mischen Sie die Tomaten mit Zwiebeln, Kräutern und der Chillisauce.
(Für eine milde Salsa empfehlen wir eine nicht zu scharfe Chillisauce).

Erhitzen Sie Öl auf einer Grillpfanne und grillen Sie die Spieße auf jeder Seite etwa 1-2 Minuten lang.

Mit Salsa und einem Limettenviertel servieren.

Teriyaki-Lachs

Japanische Küche

20 Minuten 4 Portionen

+ 1 bis 8 Stunden marinieren

Dieses Fischgericht ist ein sehr leckeres Abendessen. Die Marinade ist sehr schnell zubereitet und sobald der Lachs mariniert ist, ist die restliche Zubereitung ebenfalls sehr schnell und einfach.

Zutaten

- 4 Stücke hautlosen Lachs
- 2 EL japanische Sojasauce
- 1 EL Myrrhe
- 1 EL Sake oder Wodka
- 2 TL feiner Rohrzucker

Zubereitung

Vermengen Sie alle Zutaten bis auf den Lachs zu einer Teriyaki Sauce.

Legen Sie den vorbereiteten Lachs (ohne Haut) in Teriyaki-Sauce und stellen Sie ihn für mindestens 10 Minuten und höchstens 24 Stunden (Im Idealfall über Nacht) in den Kühlschrank.

Erhitzen Sie eine Grillpfanne leicht mit Öl und legen Sie den marinierten Lachs hinein. Von Zeit zu Zeit wenden Sie den Lachs und verteilen die restliche Marinade darüber.

Der Lachs sollte nicht zu lange braten, da er sonst trocken wird.

Meeresfrüchte mit Nudeln

🕘 20 Minuten 🍽 4 Portionen

Thailändische Küche

Zutaten

- 100 g Instantnudeln
- 250 g Meeresfrüchte (z.B. eine tiefgefrorene Mischung)
- 1/2 rote Paprika, in Streifen geschnitten
- 1/2 gelbe Paprika, in Streifen geschnitten
- 1,5 EL leichte Sojasauce
- 1,5 EL halbtrockener Sherry
- 2 EL Pflanzenöl
- 2 Knoblauchzehen, fein gehackt
- 1 TL Ingwer, zerkleinert
- 1 EL Frühlingszwiebeln, gehackt
- Salz und schwarzer Pfeffer, nach Geschmack

Zubereitung

Zu Beginn 100 g Instantnudeln in eine mittelgroße Schüssel mit kochendem Wasser aufgießen, 10 Minuten stehen lassen und anschließend absieben.

Zwei EL Pflanzenöl in einer Wok-Pfanne erhitzen. Legen Sie 2 zerhackte Knoblauchzehen, einen TL zerkleinerten Ingwer, die gelbe und rote, in feine Streifen geschnittene Paprika und einen EL gehackte Frühlingszwiebeln auf das heiße Fett. Das Ganze unter Rühren ca. 2 Minuten anbraten.

Anschließend 250 g Meeresfrüchtemischung, 1,5 EL halbtrockenen Sherry und 1,5 EL leichte Sojasauce in die Wok-Pfanne geben. Alles mischen und ca. 3 Minuten braten.

Nach 3 Minuten Braten die vorgekochten Instantnudeln hinzufügen. Mit Salz und Pfeffer würzen und abschmecken. Eine Weile braten lassen.

Nach ca. 5 weiteren Minuten ist das Gericht servierfertig.

Krabbensuppe mit Surimi

Japanische Küche

45 Minuten 4 Portionen

Zutaten

- 250 g Surimi-Krabbenstäbchen
- 1 großes Stück Hühnerbrust
- 3 Eier
- 3 Knoblauchzehen
- 1 Zwiebel
- 1 EL Kokosöl
- 4-5 EL Sojasauce
- 2-3 EL Austern- oder Fischsauce
- Salz
- Pfeffer
- eine Handvoll Schnittlauch
- 1,5 l Wasser

Zubereitung

Die Hähnchenbrust in schmale Streifen schneiden, dann in Sojasauce legen und ca. 20 Minuten marinieren lassen.

Schneiden Sie die Zwiebel in Streifen und die Surimi-Sticks entlang des Musters der Nudelfäden in Streifen.

Das Kokosöl in einem Topf erhitzen. Legen Sie nun die marinierte Hühnerbrust in den Topf. Nach dem Vorbraten den zerhackten Knoblauch und die Zwiebelstreifen hinzufügen. Zusammen braten bis eine intensive Bräune zu erkennen ist, gekochtes heißes Wasser (1,5 l) über das Huhn gießen und ca. 10 Minuten kochen lassen.

Geben Sie gehackte Surimi Streifen in die vorbereitete Brühe. Etwa 5 Minuten kochen lassen und mit Austernsauce würzen (alternativ können Sie auch Fischsauce verwenden).

Die Eier in einem Glas kräftig mischen, um eine homogene Masse zu bekommen. Gießen Sie sie dann das verquirlte Ei langsam in die kochende Suppe, während Sie die Suppe schnell und kräftig mischen.
Anschließend noch ein paar Minuten kochen.

Mit frisch gehacktem Schnittlauch servieren.

Lachscurry in Goa-Sauce

40 Minuten 4 Portionen

Indische Küche

Zutaten

- 4 Lachsfilets (ca. 200 g)
- 1 EL Zitronensaft
- 3 EL Öl
- 1 große Zwiebel, gehackt
- 2 Knoblauchzehen, gehackt
- 2 TL geriebener Ingwer
- 1/2 TL Kurkuma
- 1 TL gemahlener Koriander
- 1/2 TL Chilipulver
- 250 ml Kokosmilch
- 2 grüne Chilischoten, längs geschnitten
- 2 EL Apfelessig (oder Zitronensaft)
- 2 EL Koriander, gehackt
- Salz

Zubereitung

Würzen Sie die Filets mit Salz, beträufeln Sie sie mit Zitronensaft (oder Essig) und stellen Sie sie dann für 15-20 Minuten in den Kühlschrank.

Das Öl in einer Pfanne erhitzen, die Zwiebel hinzufügen und braten, bis sie leicht gebräunt ist.

Nun den zerriebenen Knoblauch und zerkleinerten Ingwer hinzufügen, etwa eine Minute braten. Anschließend das Kurkuma, den gemahlenen Koriander, den Kreuzkümmel und das Chilipulver hinzufügen und für eine weitere Minute braten.

Die Kokosmilch, Essig und die grüne Chilischoten hinzufügen, mit Salz abschmecken und ca. 6-8 Minuten kochen lassen.

Dann den Fisch hinzufügen und 5 Minuten kochen lassen. Zum Schluss den gehackten Koriander hinzufügen.

Das fertige Gericht mit Reis (idealerweise Basmati) servieren.

Guten Appetit!

Indisches Molee-Fisch-Curry

40 Minuten 4 Portionen

Indische Küche

Zutaten

- 600 g Seelachsfilets
- 400 ml Kokosmilch
- 2 kleine grüne Chilischoten, fein gehackt
- 1EL Öl
- 6 Curryblätter
- große Zwiebel, in Scheiben geschnitten
- 3 Knoblauchzehen, fein gehackt
- 2 TL Kurkuma
- 1 TL gemahlener Koriander
- 1TL gemahlener Kreuzkümmel
- 4 Nelken
- EL gehackter Koriander

Zubereitung

Das Öl in einer tiefen Pfanne erhitzen, dann die Zwiebelscheiben hinzufügen und 5 Minuten braten.

Den Knoblauch und die Chilischoten hinzufügen und 2-3 Minuten braten. Danach fügen Sie Kurkuma, Kreuzkümmel, Koriander hinzu und lassen alles weitere 2-3 Minuten braten.

Die Kokosmilch dazu gießen und mit Curryblättern und Salz würzen. Lassen Sie das Ganze anschließend etwa 20 Minuten bei schwacher Hitze unter gelegentlichem Rühren kochen.

Die Fischfilets in 2-3 Stücke schneiden und zur vorbereiteten Sauce geben. Alles kurz aufkochen, dann ca. 5 Minuten lang bei schwacher Hitze kochen bis den Fisch gar ist.

Den gehackten Koriander zum fertigen Gericht geben.

Servieren Sie zum Beispiel mit trockenen Indli-Brötchen oder Reis.

Guten Appetit!

VEGETARISCH

Grüne Soba-Nudeln mit Shiitake-Pilzen

30 Minuten 4 Portionen

Japanische Küche

Zutaten

- 200 g grüne Buchweizen-Soba-Nudeln (mit grünem Tee)
- ein paar Shiitake-Pilze
- 1 kleiner Kopf Brokkoli
- 2 Knoblauchzehen
- 1/2 TL geriebener Ingwer
- halbbraune Zwiebel (kann eine gewöhnliche sein)
- 1/4 weißer Rettich
- Sesamöl
- 4 EL japanische Sojasauce
- 4 EL Reiswein
- 2 EL Sake (optional)
- 1 Prise Zucker

Zubereitung

Kochen Sie die Nudeln gemäß der Anweisung auf der Verpackung und lassen Sie sie abtropfen. Shiitake-Pilze in heißem Wasser einweichen, bis sie weich sind (ca. 1 Stunde). Danach schneiden Sie die Pilze in Streifen.

Den Rettich in dünne Scheiben schneiden, den Brokkoli in kleine Rosen teilen. Knoblauch und Zwiebel fein hacken und in einer Pfanne zusammen mit Ingwer in Sesamöl anbraten.

Wenn die Zwiebeln golden werden, fügen Sie die Pilze, die Brokkoli Röschen und den geschnittenen Rettich hinzu. Danach fügen Sie die Sojasauce, dein Reiswein, etwas Sake und eine Prise Zucker hinzu. Braten Sie alles und mischen für 3-5 Minuten. Zum Schluss die vorbereiteten Nudeln hinzufügen, alles vermischen und 2 Minuten zusammen braten lassen.

In Tempura gebackenes Gemüse

🕘 45 Minuten 🍽 4 Portionen

Japanische Küche

Zutaten

- 1 rote Paprika
- 100 g grüne Bohnen
- 1 Zucchini
- 4 Kartoffeln
- 1 Brokkoli
- 250 g Weizenmehl
- etwas Maisstärke
- 1 Eigelb
- 3 EL Sojasauce
- ein Stück Ingwer
- 2 EL Reiswein
- 1 Zitrone
- Etwas geriebener Rettich
- Salz
- 4-500 ml Eiskaltes Wasser (oder Wasser mit Eiswürfeln)

Zubereitung

Schneiden Sie die Spitzen der Bohnen ab. Schneiden die Paprika in dickere Streifen und die Kartoffeln in etwa 0,3 cm dicke Scheiben. Zucchini in etwa 0,5 cm dicke Scheiben schneiden. Den Brokkoli in gleichgroße Röschen teilen.

Nehmen Sie in eine Schüssel und tun Sie die Sojasauce, den geriebenen Ingwer zusammen mit dem Reiswein hinein. Zuletzt mit Zitronensaft bedecken und gründlich mischen.

Vorbereitung des Tempura: Geben Sie das Eigelb, etwas Maisstärke, das eiskalte Wasser und Salz in eine Schüssel mit dem Weizenmehl, vermischen Sie alles gründlich, sodass ein gleichmäßiger, dick flüssiger Teig entsteht.

Dann das Gemüse mit dem zubereiteten Tempura bestreichen, in eine Pfanne mit heißem Öl braten bis eine goldbraune Kruste entsteht. Sobald das Gemüse braun wird, nehmen Sie die Stücke raus und lassen Sie sie kurz auf einem Küchenpapier abtropfen.

Das knusprige Gemüse mit dem vorbereiten Dressing und dem geriebenen Rettich servieren.

In Kimchi gebratener Reis

🕘 30 Minuten 🍽 2 Portionen

Koreanische Küche

Zutaten

- 1 EL Öl
- 1,5 Tassen Kimchi (Sie können diesen selbst zubereiten oder fertigen nehmen)
- 2 Tassen gekochter Reis (am besten vom Vortag)
- 2 EL Frühlingszwiebeln, fein gehackt
- 2 Eier
- 1 TL Sesamöl
- 1 TL Sesam
- 2-3 EL getrockneter Seetang (Nori), in kleine Stücke geschnitten und geröstet

Zubereitung

Das Öl in einer Wok-Pfanne erwärmen, Kimchi hinzufügen, braten und kurz mischen.
Den gekochten Reis in die Pfanne geben, unter ständigem Rühren braten und den verklebten Reis zerteilen. Wenn der Reis heiß ist, Frühlingszwiebeln hinzufügen und alles gründlich mischen.

Eier in einer separaten Pfanne auf einer Seite braten.

Geben Sie den gebratenen Reis in tiefe Teller. Fügen Sie zu jeder Portion ein Spiegelei hinzu. Gießen Sie ein wenig Sesamöl darüber. Mit Sesam und geröstetem Seetang bestreuen.

Vor dem Essen das Ei zerdrücken und Reis untermischen.

Pasta mit Spargel und Paprika

🕘 30 Minuten 🍽 4 Portionen

Chinesische Küche

Diese Pasta bietet ein gesundes, schnelles und relativ günstiges, chinesisches Gericht, das dazu noch leicht und vegetarisch ist.

Zutaten

- 1 EL Sesam
- 2 Portionen Chow Pasta
- 1/2 Paprika, in größere Stücke geschnitten
- 4-5 Spargel, in Stücke geschnitten
- 1 rote Chilischote, fein gehackt
- 2 Knoblauchzehen, gehackt
- 1/2 TL Ingwer, fein gehackt
- 2 Frühlingszwiebeln, in kleine Stücke geschnitten
- 1/2 TL Sesamöl
- 1/2 TL brauner Zucker
- 1/2 TL Salzgewürz 5 Geschmacksrichtungen
- 2 TL leichte Sojasauce
- Salz, nach Geschmack
- 3 EL Pflanzenöl, bevorzugt Erdnussöl

Zubereitung

1 EL Sesam in einen heißen Wok geben, braten und beiseitestellen.

Die Nudeln mit kochendem Wasser aufgießen und gemäß den Packungsanweisungen kochen, dann absieben, mit Sesamöl bestreuen und beiseitestellen.

Erhitzen Sie 3 EL Pflanzenöl in einem Wok und braten Sie den fein gehackten Ingwer mit Knoblauch an (nur wenige Sekunden, bis Sie das intensive Aroma wahrnehmen können). Fügen Sie die zuvor gehackten Paprika und den Spargel hinzu, die Sie unter Rühren etwa 2 Minuten lang braten.

Die Frühlingszwiebeln, 1/2 TL Salz mit fünf Geschmacksrichtungen, 1/2 TL braunen Zucker, 2 TL leichte Sojasauce mit 4 Esslöffeln Wasser in die Wok-Pfanne mit dem Gemüse geben. Alles eine Weile unter Rühren braten, dann die zuvor zubereiteten Nudeln mit dem gerösteten Sesam in den Wok geben.

Servieren Sie das chinesische Gericht heiß, sofort nach der Zubereitung.

Reisnudeln mit Pilzen

30 Minuten 4 Portionen

Chinesische Küche

Zutaten

- 400 g Reisnudeln
- 300 g gehackte Pilze
- 30 g Mun Pilze
- 3 Frühlingszwiebeln
- 2-3 EL Austernsauce
- 2-3 EL leichte Sojasauce
- 3 EL raffiniertes Kokosöl
- 1 mittelgroße Zwiebel, in Streifen geschnitten
- 3 Knoblauchzehen, fein gehackt
- 1 TL Sesamöl
- 250 ml Hühnerbrühe (kann aus Würfel gekocht sein)
- 2 Prisen Salz
- schwarzer Pfeffer

Zubereitung

Die Pilze ca. 10 Minuten im heißen Wasser einweichen lassen, dann beiseitestellen. Geben Sie die Reisnudeln etwa 5 Minuten lang in kochendes Wasser, bis sie al dente sind, und gießen Sie diese ab.

2-3 EL Kokosöl in einer Wok-Pfanne erhitzen. Legen Sie die gehackten Zwiebeln und den klein gehackten Knoblauch in die Pfanne. Braten Sie diese für ungefähr 1-2 Minuten, dann geben Sie die Pilze und die abgesiebten, aufgeweichten Mun-Pilze hinzu.

Zwei Frühlingszwiebeln klein schneiden und zu dem gebratenen Gemüse dazu geben. Nach einer Minute 2-3 EL Austernsauce sowie 2-3 EL Sojasauce in den Wok geben und alles mischen. Gießen Sie 250 ml Hühnerbrühe in den Wok und mischen Sie alles gut durch. Die Pilze müssen eine Weile gedünstet werden, damit der Sud einen Pilzgeschmack bekommt. Die Brühe mit Pilzen mit Salz und Pfeffer abschmecken. 1 TL Sesamöl zum Ganzen geben.

Die gekochten Nudeln zum Sud mit dem Gemüse geben und gut mischen. Wenn die Nudeln etwas Sud aufgesogen haben und alle Zutaten gut vermischt sind, verteilen Sie das Gericht auf die Teller und dekorieren Sie das es mit Frühlingszwiebeln.

Tofu-Snack

Japanische Küche

15 Minuten 2 Portionen

Zutaten

- 1/2 Würfel fester Tofu (ca.200 g)
- 2 Knoblauchzehen
- eine Handvoll frisch gehackte Kräuter (Minze und Koriander)
- frisch gemahlener Pfeffer
- 2 EL Sojasauce
- 1EL Limettensaft

Zubereitung

Den Tofu auf einem Papiertuch abtropfen lassen und in Würfel mit einer Seitenlänge von ca. 2 cm schneiden.

Das Öl in einer Pfanne erhitzen und den zerkleinerten Knoblauch anbraten.

Anschließend den Tofu hinzufügen und auf jeder Seite ca. 5 Minuten anbraten.

Die Sojasauce, den Limettensaft, die Minze und den Koriander hinzufügen. Braten Sie zum Schluss alles kurz auf höchster Stufe und können.

Das Gericht schmeckt besonders gut mit süßer und würziger Chilisauce.

Pad Thai Nudeln

35 Minuten 4 Portionen

Thailändische Küche

Zutaten

- 4 EL Fischsauce
- 25 g Palmzucker
- 1 Knoblauchzehe, fein gehackt
- 1 TL Ingwer, fein gehackt
- 1 TL Tamarinde, gelöst in 3 EL kochendem Wasser
- 1 TL kernloser Chili, fein gehackt
- Limettensaft aus einer gepressten Limette
- 120 g breite Reisnudeln
- 100 g gewürfelter Tofu
- 2 Karotten, in Fäden geschnitten
- 1 rote Zwiebel, in Streifen geschnitten
- 1 Knoblauchzehe, zerhackt
- 2 EL Reisöl
- 2 Eier
- 50 g Mungo Bohnen Sprossen
- 50 g geröstete Erdnüsse ohne Salz

Zubereitung

Zubereitung der Sauce: Kochen Sie die Fischsauce mit Palmzucker, Knoblauch, Tamarindensauce, Chili, Ingwer und Limettensaft aus einer halben gepressten Limette in einem kleinen Topf, bis sich der Zucker vollständig aufgelöst hat.

Pasta Zubereitung: Die Reisnudeln in einem Topf mit kochendem Wasser geben und 5 Minuten al dente kochen lassen. Mit kaltem Wasser abgießen und absieben.

Öl auf einer Pfanne erhitzen und Erdnüsse auf der heißen Pfanne rösten, herausnehmen und beiseitestellen. Etwas Reisöl nachgeben, in der Pfanne erneut erhitzen, die geschnittenen Zwiebel und den gehackten Knoblauch hinzufügen. 2 Minuten braten.

Die in Fäden geschnittenen Karotten hinzufügen und 5 Minuten braten. Fügen Sie nun die zuvor zubereitete Sauce und die Nudeln hinzu. Die ganze Mischung unter Rühren einige Minuten braten, bis die Nudeln durch sind und sich gut mit der Sauce vermischt haben. Anschließend den restlichen Limettensaft hinzufügen.

Machen Sie etwas Platz am Boden der Wok-Pfanne und schlagen Sie die Eier in den Wok. Rühren Sie, bis sich Rührei bildet, und mischen Sie es mit den Nudeln. Fügen Sie zuletzt den Tofu und die gerösteten Nüsse hinzu.

Das Gericht aufteilen, mit Mungo-Bohnen Sprossen dekorieren und servieren.

Avocado-Salat

Thailändische Küche

15 Minuten 2 Portionen

Zutaten

- 1 Avocado
- 1-2 Tomaten
- 1/2 Gurke
- 1 Zwiebel
- 1 Chili Schote
- frischer Koriander
- Zitronensaft
- 1 Knoblauchzehe
- 1 Baguette
- Olivenöl
- Salz und Pfeffer

Zubereitung

Entfernen Sie mithilfe eines Löffels die Samen von der Gurke und den Tomaten. Schneiden sie die Gurke und die Tomaten in Würfel. Die Avocado wird geschält, entkernt und ebenfalls in Würfel geschnitten. Anschließend die Zwiebel, den Schnittlauch, den Koriander und die Chilischote sehr fein schneiden.

Alle Zutaten in einer Schüssel geben und mischen. Mit Zitronensaft und Olivenöl würzen. Mit Salz und Pfeffer abschmecken, dann nochmals gründlich mischen.

Baguette kurz unter Wasser halten und aufbacken, ohne dass es verbrennt, in Stücke schneiden und vor dem Servieren mit dem geriebenen Knoblauch einreiben.
Guten Appetit!

Gemischtes Gemüse in Kokosmilch

Thailändische Küche

30 Minuten 4 Portionen

Zutaten

- 300 g Blumenkohl-Röschen
- 300 g Auberginen, grob gehackt
- 1/3 Tasse Basilikumblätter
- 400 ml Kokosmilch
- 250 g Zucchini, grob gehackt
- 100 g Mini-Maiskolben, halbiert
- 2 EL Limettensaft
- 1/2 Tasse warmes Wasser
- 20 g frischer Ingwer, grob gehackt
- 1 TL gemahlene Kurkuma
- 1 TL Galanga Gewürz
- 2 EL leichte Sojasauce
- 5 Knoblauchzehen, gehackt
- 1 rote Peperoni, gehackt
- 2 EL Zitronengras

Zubereitung

Das Zitronengras in warmes Wasser legen, 10 Minuten beiseitestellen und anschließend absieben. Das eingeweichte Zitronengras, den gehackten Ingwer, gehackte Knoblauchzehen, die gehackte Peperoni, gemahlenes Kurkumapulver und das Galanga-Gewürz in den Mixer geben. Mixen bis eine homogene Masse entsteht. (Alternativ können Sie einen Pürierstab verwenden.) Die Masse in eine separate Schale geben.

Gießen Sie 200 ml Kokosmilch in eine Wok Pfanne, erhitzen Sie sie, fügen Sie die gemischte Paste hinzu und mischen Sie alles, sodass die Paste gründlich mit der Kokosmilch vermischt wird. Die restliche Kokosmilch hinzufügen.

Wenn die Koksmilch nach etwa 2 Minuten kocht, fügen Sie geschnittene Zucchini, Blumenkohl-Röschen, grob gehackte Auberginen und die Mini-Maiskolben hinzu.

Nach 5 Minuten Garzeit Basilikumblätter, 2 EL Limettensaft und 2 EL Sojasauce in den Wok geben. Alles gründlich mischen. Nach ein paar Minuten ist das thailändische Gericht fertig zum Servieren.

Blumenkohl mit grünen Bohnen und Kohl

Thailändische Küche

25 Minuten 4 Portionen

Zutaten

- 500 g Blumenkohl-Röschen
- 300 g Bohnen, in kurze Stücke geschnitten
- 8 Blätter Chinakohl, in 4 cm große Quadrate geschnitten
- 4 junge Zwiebeln, dünn gehackt
- 1 EL leichte Sojasauce
- 1 TL dunkle Sojasauce
- 1/4 Tasse Wasser (60 ml)
- 2 zerdrückte Knoblauchzehen
- 1 EL Limettensaft
- 1 TL Kurkuma, gemahlen
- 2 EL Pflanzenöl
- 2 EL frischer Koriander, grob gehackt

Zubereitung

Geben Sie Öl in eine Wok-Pfanne, fügen Kurkuma, Zwiebeln und Knoblauch hinzu und braten die Mischung, bis die Zwiebeln gebräunt sind. Alles in eine separate Schüssel geben.

Gießen Sie Wasser in den Wok, werfen den Blumenkohl hinein und braten ihn zart an. Dann Chinakohl und Bohnen hinzufügen, während Sie die ganze Zeit über mischen und bei schwacher Hitze braten.

Fügen Sie die zuvor gebratene Mischung aus Zwiebeln, Knoblauch und Kurkuma hinzu. Dann fügen Sie beide Sojasaucen, den Limettensaft und den Koriander hinzu. Das Ganze vermischen und bei schwacher Hitze kochen.

Reissuppe mit Ei

Chinesische Küche

30 Minuten 2 Portionen

Zutaten

- 4 Eier
- 1,5 l Brühe
- 300 g Schweinefleisch, gemahlen
- 3 junge Zwiebeln, in Scheiben geschnitten
- 2 Knoblauchzehen, gehackt
- 1 EL frischer Ingwer, gerieben
- 2-3 scharfe Chilischoten, gehackt
- 1,5 Tassen gekochter Langkornreis
- 2 EL Koriander, gehackt
- Fischsauce
- Essig
- Salz und Pfeffer

Zubereitung

2-3 EL Öl in einem Topf oder Wok erhitzen. Fügen Sie den gehackten Knoblauch und das gehackte Schweinefleisch hinzu. Das Ganze 2-3 Minuten unter ständigem Rühren braten, damit das Fleisch leicht bräunt aber nicht verbrennt.

Zum gebratenen Fleisch die geschnittenen Zwiebeln hinzufügen, die gehackten Chilischoten und den geriebenen Ingwer hinzugeben.

Gießen Sie das Ganze mit der Brühe auf und bringen Sie es zum Kochen.

Den gekochten Reis in die kochende Suppe geben und 4 Minuten kochen lassen.
Würzen Sie die Suppe anschließend nach Belieben mit Fischsauce, Essig, Salz und Pfeffer.

Reduzieren Sie das Feuer auf ein Minimum und geben Sie die zuvor geschlagenen Eier zur Suppe, während Sie kräftig rühren. 3 Minuten kochen.

Gießen Sie die Suppe in die Schalen. Mit frischem Koriander garnieren.

Khumba Curry - mit Erbsen und Pilzen

35 Minuten 4 Portionen

Indische Küche

In Indien finden Sie in fast jeder gastronomischen Ecke Gerichte mit Erbsen und Pilzen. Die Pilze werden "Khumba" genannt und verleihen dem Gericht den traditionellen Namen.

Zutaten

- 200 g Pilzköpfe, in Viertel geschnitten
- 1 Tasse Erbsen
- 2 Nelken
- 2 TL Koriander, gemahlen
- 1/4 TL Chili
- 1/4 TL Masala Gewürzmischung
- 1/4 TL Kurkuma
- 2 schwarze Kardamome
- Salz, nach Geschmack
- Öl zum Braten
- 5 EL Tomatenmark
- 1 grüne Chilischote
- 1 große Zwiebel
- 6-8 Knoblauchzehen
- 1,5 cm großes Stück Ingwer

Zubereitung

Zu Beginn bereiten Sie die zwei Pasten zu, die Sie benötigen, um das indische Gericht zuzubereiten. Mischen Sie das Tomatenmark mit der grünen Chilischote und verarbeiten das Ganze mit einem Mixer oder Mörser zu einer Paste. Bereiten Sie auf gleiche Weise die zweite Paste aus einer großen Zwiebel, 6-8 Knoblauchzehen und 1,5 cm Ingwer vor.
Erhitzen Sie Öl in einer Wok-Pfanne, fügen Kardamom und Nelken hinzu und braten alles ca. eine Minute lang. Dann die zuvor zubereitete Paste aus Zwiebeln, Knoblauch und Ingwer hinzufügen und ebenfalls braten, bis sie eine leicht braune Farbe entsteht.
Nehmen Sie die Pfanne vom Herd, fügen Sie Kurkuma, Chili, Koriander, die Masala Gewürzmischung und etwas Salz hinzu. Setzen Sie die Pfanne erneut auf die Herdplatte und erhitzen Sie sie diese einige Sekunden lang. Fügen Sie nach einer Weile einen EL Wasser und die zweite zuvor zubereitete Paste aus Tomaten und Chilischoten hinzu.

Alles kochen lassen, bis der größte Teil der Flüssigkeit verdunstet ist, sodass die Mischung "trocken" und das Öl aufgenommen ist. Nach einer Weile Pilze und Erbsen hinzufügen und 5 Minuten braten. Wenn das Gemüse anfängt anzubrennen oder zu trocken zu werden, fügen Sie 1-2 EL Wasser hinzu. Nun etwa 1 Tasse Wasser hinzufügen (je nachdem, welche Konsistenz Sie erhalten wollen), abdecken und bei schwacher Hitze etwa 15 Minuten kochen lassen. Servieren Sie das indische Gericht mit Reis oder Chapati.

Naan Curry Brot

Indische Küche

30 Minuten 4 Portionen

+ 1 Stunde Teig aufgehen

Zutaten

- 100 ml warmes Wasser
- 25 g Hefe
- 1 EL Birkenzucker
- 300 g Mehl (Typ 650), gesiebt
- 1 EL Currypulver
- 1 TL Salz
- 3 EL Reisöl
- 3 EL Milch

Zubereitung

Mischen Sie das warme Wasser mit der zerkleinerten Hefe und dem Zucker, bis sich beide Zutaten aufgelöst haben.

Geben Sie das gesiebte Mehl, das Currygewürz, das Salz, die Milch, das Wasser und die zuvor zubereitete Hefe in eine Schüssel. Kneten Sie den Teig, bis sich eine gleichmäßige Masse ergibt.

Decken Sie den gekneteten Teig in der Schüssel mit einem Tuch ab und lassen Sie ihn 1 Stunde lang aufgehen.

Teilen Sie den aufgegangenen Teig in 8 Stücke. Dann dünn ausrollen und auf eine Pfanne mit heißem Öl legen. Auf jeder Seite ca. 2 Minuten braten.

Aromatischer Tofu mit Wok Gemüse

🕘 40 Minuten 🍽 4 Portionen

Chinesische Küche

Tofu mit Gemüse ist ein vegetarisches, nahrhaftes und leckeres Gericht. Tofu selbst hat keinen klaren Geschmack. Auch ist es sehr wichtig harten Tofu zum Braten zu verwenden. Seidiger Tofu würde im Wok schnell auseinanderbrechen und ist nur für Suppen und Salate geeignet.

Zutaten

- 2 EL Erdnussöl + eine halbe Tasse Öl zum Braten vom Tofu
- 3 Knoblauchzehen, in Scheiben geschnitten
- 2 cm geschälter Ingwer, in Scheiben geschnitten
- halber Brokkoli, in Röschen geteilt
- 1 Zwiebel, in Achtel geschnitten
- 1 Karotte, in Streifen geschnitten
- eine gelbe Paprika, in Streifen geschnitten
- 250 g grüne Erbsen oder Zuckererbsen (jung, nicht überreif)
- 1 Block harter Tofu, in 0,5 cm Scheiben geschnitten
- 1/2 TL Sichuan-Pfeffer
- 1,5 EL Saubohnensauce
- 1,5 EL Doubanjiang Chili
- 2 EL leichte chinesische oder japanische Sojasauce
- 1 TL Zucker
- 200 ml Hühnerbrühe (chinesische, keine deutschen Brühwürfel verwenden)

Zubereitung

2 EL Erdnussöl in einem erhitzten Wok geben und über die Wände verteilen. Fügen Sie den Knoblauch und Ingwer hinzu und braten diese eine Weile. Fügen Sie den Brokkoli hinzu und braten ihn bis er durch, aber nicht weich ist. Fügen Sie die Zwiebeln hinzu und braten diese bis sie goldbraun sind.

Fügen Sie nun die Karotten, die Erbsen und die Paprika hinzu und braten das Gemüse, sodass es nicht verkocht ist. Nehmen Sie das Gemüse heraus und tun es auf einen Teller.

Gießen Sie ein halbes Glas Öl in den Wok, erhitzen und braten Sie den Tofu darin, sodass er braun wird (am besten in zwei Chargen). Sie können den Tofu anschließend in feinere Streifen schneiden, damit er sich später mit der Sauce vollsaugen kann.

Gießen Sie das Öl ab, aber reinigen den Wok nicht. Es sollten ein wenig Tofu und Öl im Wok bleiben. Sichuan-Pfeffer und Bohnen-Chili-Sauce hinzufügen, ein paar Mal umrühren, Sojasauce und Zucker und schließlich die Brühe hinzufügen. Alles umrühren, damit sich alles verbindet.

In Streifen geschnittenen Tofu hinzufügen und zum Einweichen gründlich mit der Sauce mischen. Fügen Sie das Gemüse hinzu und mischen alles. Zum Schluss die in Wasser gelöste Stärke hinzufügen, um die Sauce zu verdicken. Nochmal alles mischen.

Heiß auf Reisnudeln oder mit Jasminreis servieren.

Pajong Pfannkuchen

🕘 30 Minuten 🍽 4 Portionen

Japanische Küche

Zutaten

- 2 Tassen kaltes Wasser
- 1 mittelgroße Karotte, gerieben
- 1,5 Tassen Weizenmehl
- 1/4 Tasse Kartoffelmehl
- 1 Bund Schnittlauch, in 4-Zentimeter-Streifen geschnitten
- 4 Knoblauchzehen, fein gehackt
- 1 EL Sesamöl
- 2 EL leichte Sojasauce
- 1 TL Sesam
- 1 Ei
- 1 EL Sake (oder Wodka)
- 1 TL Paprikapulver
- 2 Chilischoten, fein gehackt
- 1 TL Zucker
- Salz, nach Geschmack
- 1 EL Pflanzenöl

Zubereitung

Mischen Sie in einer mittelgroßen Schüssel das Paprikapulver, fein gehackten Schnittlauch, Zucker, Sesam, leichte Sojasauce und Sake. Die vorbereitete Sauce beiseitestellen.

Anschließend wird in einer mittelgroßen Schüssel der Pajong-Teig geknetet: Dazu mischen Sie das Weizenmehl, Kartoffelmehl, 2 Tassen kaltes Wasser, das Ei und das Sesamöl zusammen. Mit Salz bestreuen und abschmecken. Nun alle Zutaten gründlich mischen und kneten, um einen gleichmäßigen Teig zu erhalten.

Das Pflanzenöl in einer Pfanne erhitzen. Gießen Sie mithilfe einer Suppenkelle eine dünne Teigschicht auf die heiße Pfanne, sodass der Pfannkuchen ziemlich dünn wird. Auf den gebratenen Pfannkuchen tragen Sie zuvor zubereiteten Gemüse gleichmäßig auf, d. H.: die Karotte, den Schnittlauch, den Knoblauch, und die Chilischote.
Nachdem die Unterseite des Pajong-Pfannkuchens gebraten ist, bedecken Sie das Gemüse mit einer weiteren dünnen Schicht Pfannkuchenteig, auf den Sie das Gemüse erneut legen. Zum Schluss das Gemüse mit der letzten Teigschicht bedecken.

Wenn der Pfannkuchen fertig gebraten ist, schneiden Sie ihn in Streifen, die leicht mit Stäbchen aufgenommen und gegessen werden können. Den Pajong-Pfannkuchen mit der zuvor zubereiteten Sauce servieren.

Gebratenes Gemüse mit Tteok

🕘 60 Minuten 🍽 4 Portionen

Koreanische Küche

Tteok ist eine Art dicke Reisnudel aus der koreanischen Küche. Die Nudeln werden aus einer Mischung von Klebereis oder Naturreis hergestellt. Gebratenes Gemüse mit Tteok ist ein Gericht mit einem einzigartigen, orientalischen Geschmack.

Zutaten

- 1 Packung Tteok
- 1 TL Sesamöl
- 3 getrocknete Shiitake-Pilze, 30 Minuten in warmem Wasser eingeweicht
- 1 Karotte, in dünne Streifen geschnitten
- 60 g Rindfleisch, in dünne Streifen geschnitten
- 1/4 Zwiebel, in Federn geschnitten
- 4 EL Gochujang Paste oder Sojasauce
- 1 TL brauner Zucker
- 1 halber TL gemahlener Pfeffer
- 1 TL Sesam
- 2 Frühlingszwiebeln, fein gehackt
- 2 EL Weißwein
- 2 Knoblauchzehen, gehackt

Zubereitung

Den Tteok in 4 cm große Stücke schneiden, eine Minute in Salzwasser blanchieren und dann mit kaltem Wasser abspülen. Die Shiitake-Pilze nach dem Einweichen in dünne Streifen schneiden.

Die Gochujang-Paste in eine Schüssel geben und mit dem Zucker, Pfeffer, dem Sesam und dem Sesamöl mischen. Fügen Sie das gehackte Rindfleisch hinzu und mischen es gründlich. 15 Minuten im Kühlschrank stehen lassen.

Die Frühlingszwiebeln mit dem Knoblauch und dem Reiswein mischen. Das Öl in einem Wok erhitzen, dann die zuvor zubereiteten Zwiebeln und das Rindfleisch dazu geben. Braten Sie alles, bis die Zutaten braun werden. Anschließend das Gemüse hinzufügen und braten, bis es zart wird.

Zum Schluss die Frühlingszwiebeln mit dem gehackten Knoblauch mischen. Braten Sie alle Zutaten zusammen, bis diese mit der glänzenden Soße bedeckt sind. Das fertige Gericht mit Tteok servieren. Guten Appetit!

Reis mit Mungobohnensprossen

🕘 60 Minuten 🍽 4 Portionen

Koreanische Küche

Dies ist ein sehr originelles Rezept, bei dem der Reis auf koreanische Weise mit Mungo Bohnensprossen zubereitet wird. Es eignet sich auch als perfekte Ergänzung zum Hauptgericht, kann aber auch als Hauptgang serviert werden.

Zutaten

- 1 Tasse Kurzkornreis
- 2 Tassen Mungo Bohnensprossen
- 1 Knoblauchzehe, gepresst
- 1 TL leichte Sojasauce
- 1 EL Sesamöl
- Salz
- 1/2 TL Ingwer, gemahlen
- 1 grüne Chili-Schote, eine Hälfte gemahlen und eine Hälfte in Scheiben geschnitten
- 1 rote Chili-Schote, eine Hälfte gemahlen und eine Hälfte in Scheiben geschnitten
- 1/2 TL Zucker
- 4 EL leichte Sojasauce
- 3 EL Sesam
- 1 Frühlingszwiebel, gehackt
- 1,5 TL koreanischer Chili (kann durch Paprikapulver ersetzt werden)
- 3 EL Rohe Pilze, fein gehackt

Zubereitung

Den Reis 30 Minuten in kaltem Wasser einweichen lassen. Nach dem Einweichen gut mit Wasser abspülen und absieben.

Kochen Sie 750 ml Wasser in einem Topf, in das Sie die Mungo Bohnensprossen legen und mit einer Prise Salz kochen lassen. Kochen Sie die Sprossen 3 Minuten lang, ziehen sie dann aus dem Wasser und legen diese in eine separate Schüssel (gießen Sie das Wasser nicht weg). Fügen Sie 1 TL leichte Sojasauce und 1 EL Sesamöl zu den Sprossen hinzu, mischen sie und legen sie beiseite.

Geben Sie den Reis in das Sprossen-Wasser und kochen diesen etwa 5 Minuten lang. Geben Sie nun die Sprossen zum Reis, reduzieren Sie die Hitze und lassen alles für weitere 12 Minuten abgedeckt kochen (den Reis während des Kochens nicht mischen).

In einer separaten Schüssel die Zutaten für die Sauce mischen.

Geben Sie die Knoblauchzehe, Ingwer, alle Chilischoten, Zucker, 3 EL leichte Sojasauce, 2 EL Sesam, Frühlingszwiebel, koreanisches Chili und die Pilze dazu.

Geben Sie den Reis in Schälchen, schenken die Sauce ein und servieren dieses koreanische Gericht warm.

Bibim Naengmyeon Soba - Würzige Nudeln

🕘 20 Minuten 🍽 2 Portionen

Koreanische Küche

Bibim Naengmyun Soba ist ein würziges koreanisches Gericht. Die Soba-Nudeln bekommen durch die typisch koreanischen Zutaten wie der Gochugaru-Paprika und der Gochujang-Paste einen besonderen "Kick". Dies ist ein recht einfaches Gericht für Freunde der scharfen Küche.

Zutaten

- 1 Hühnerei, gekocht und halbiert
- 1/2 Gurke, in dünne Stäbchen geschnitten
- 1/2 Nashi (koreanische Birne), in Stäbchen geschnitten
- 90 g Soba Nudeln
- 1 EL Zucker
- 1 TL Sesam
- 1/2 TL leichte Sojasauce
- 1 Knoblauchzehe, fein gehackt
- 2 EL Gochujang-Paste (koreanische Chilipaste)
- 2 TL Sesamöl
- 1 TL koreanisches Chili (Gochugaru, optional Paprikapulver)

Zubereitung

Kochen Sie die Nudeln in einer großen Menge Wasser (ca. 5 Minuten) und sieben sie anschließend ab.

Mischen Sie in einer mittelgroßen Schüssel Gochujang-Paste, koreanischen Chili, Zucker, Sesamöl, Knoblauchzehe, Sojasauce und Sesam.

Füllen Sie die gekochten Nudeln in Schüsseln. Gießen Sie die Sauce drüber, bestreuen Sie die Gerichte mit der Gurke und Nashi. Legen Sie das gekochte Ei darauf und servieren das Gericht.

Wenn Sie dieses Gericht traditionell kalt servieren wollen, müssen Sie zerstoßene Eis auf die Nudeln verteilen und Sie einen Moment abkühlen lassen.

Ob kalt oder warm: Genieße Sie den Nudelsalat!

Kichererbsen in Curry-Sauce

45 Minuten 4 Portionen

Indische Küche

Zutaten

- 800 g Kichererbsen in Dosen (Gießen Sie die Flüssigkeit in eine separate Schüssel)
- 100 ml heißes Wasser
- 1 große Zwiebel
- 1 große Knoblauchzehe
- 2 cm Ingwer
- 2 EL Reisöl
- 1 TL Kurkuma
- 1 TL Tamarindenpulpe
- 1 TL Kreuzkümmel, geröstet
- 1 TL Chili ohne Samen, fein gehackt
- 1 große Tomate, gewürfelt
- 1 TL rote Curry-Paste
- 1 TL Masala Gewürzmischung
- eine Prise Birkenzucker
- eine Prise Himalaya-Salz

Zubereitung

Erhitzen Sie etwas Öl in einer Pfanne und baten Sie den Kreuzkümmel darin, bis die Samen platzen. Lösen Sie Tamarinde in 100 ml heißem Wasser und lassen sie 15 Minuten stehen, bis sie sich aufgelöst haben (dabei gelegentlich umrühren).

Das Reisöl in einer Wok-Pfanne erhitzen. Fügen Sie die geschnittenen Zwiebeln und eine Prise Zucker hinzu. Gelegentlich umrühren und braten, bis die Zwiebel leicht braun, aber nicht verbrannt ist.

Dann den fein gehackten Knoblauch und den Ingwer hinzufügen, mischen und ca. 2 Minuten braten. Nun Kurkuma, die Chilis und die Tomatenwürfel hineingeben. Etwa 5 Minuten unter gelegentlichem Rühren braten.

Fügen Sie die Tamarindensauce, die Flüssigkeit der Kichererbsen und die rote Curry-Paste hinzu. 15 Minuten kochen lassen. Anschließend die Masala Gewürzmischung, die Kichererbsen und den Kreuzkümmel hinzufügen. Weitere 10 min kochen. Mit Himalaya-Salz würzen.

Mit Jasminreis servieren und genießen!

Roti-Kuchen mit Hähnchen

Indische Küche

40 Minuten 4 Portionen

+ 3 Stunden ruhen

Zutaten

- 1 Hühnerbrust, in schräge, dickere Scheiben geschnitten
- 1 Zwiebel, in halbe Scheiben geschnitten
- 1 rote Paprika, in Streifen geschnitten
- 1-2 Knoblauchzehen, gerieben
- 1 Habanero-Chili
- 1/2 griechischer Joghurt
- 1 großer TL Kokosmilch
- 1 Zitrone, geriebene Schale und Saft
- 1 EL Chilisauce
- 1/2 Karotte, gehackt
- frischer Koriander
- ein paar Blätter Römersalat
- 1/2 Tasse Weizenmehl
- 1/2 Tasse Vollkornmehl
- 100 ml Wasser
- 1 TL Currygewürz
- 1 TL Kurkuma
- ein paar EL Öl

Zubereitung

Die Hähnchenbrust mit Zwiebeln und Paprika in eine Schüssel geben. Dann den Habanero-Chili fein hacken und zu den restlichen Zutaten geben. Gießen Sie etwas Öl zu einem gehäuften TL Currygewürz, etwas Salz und den Knoblauch. Gründlich mischen und einige Stunden ruhen lassen.

Zubereitung der Sauce: Geben Sie den griechischen Joghurt, die Kokosmilch, die geriebene Zitronenschale und den Zitronensaft in eine Schüssel. Fügen Sie Chilisauce hinzu und mischen alles gründlich.

Zubereitung des Kuchens: Geben Sie das Weizen- und Vollkorn-Mehl in eine Schüssel, fügen Sie etwas Kurkuma, Wasser, Salz hinzu und kneten Sie den Teig. Teilen Sie den Teig in gleichmäßige Teile (je nach Portionen) und rollen die Kuchen ca. 3 mm dick aus. Die Kuchen auf jeder Seite 2 Minuten in einer Pfanne mit heißem Öl goldbraun braten. Das Öl in einer Wok-Pfanne erhitzen und die zuvor marinierten Zutaten braten. Gut mischen und 3-4 Minuten braten.

Legen Sie je einen knusprigen Kuchen auf einen Teller und bedecken ihn mit einem Blatt Römersalat. Dazu fügen Sie die Sauce und die gehackte Karotte hinzu, dann das Hühnercurry. Zum Schluss die Joghurt-Kokos-Sauce, Korianderblätter und etwas Chilisauce drüber geben.

Guten Appetit!

Yakisoba

🕘 25 Minuten 🍽 2 Portionen

Japanische Küche

Zutaten

- 200 g Soba-Nudeln
- 2 Karotte, in dünne Scheiben geschnitten
- 2 EL Chilisauce
- 1/4 Chinakohl, in 4 cm große Würfel geschnitten
- 4 Frühlingszwiebeln, in Stücke geschnitten
- 1 EL geriebener Ingwer
- 1 EL Sesamöl
- 2 EL Weißwein
- 2 EL Sojasauce
- 1 EL Wasser

Zubereitung

Bereiten Sie die Soba-Nudeln gemäß der Verpackungsanleitung al dente zu, schrecken Sie sie mit kaltem Wasser ab und legen sie beiseite.

Mischen Sie den Weißwein mit dem Wasser und Sojasauce und stellen die gemischte Sauce beiseite.

Sesamöl in einer Wok-Pfanne erhitzen und geriebenen Ingwer ca. 30 Sekunden anbraten. Dann die Karotten, Zwiebeln und den Chinakohl hinzufügen. Das Ganze einige Minuten braten, bis das Gemüse weich wird.

Die Nudeln in den Wok geben und zusammen mit dem Gemüse anbraten. Wenn die Nudeln warm sind, gießen Sie die zubereitete Sauce in den Wok und rühren sie an, bis die Sauce die Nudeln komplett bedeckt.

Wir servieren direkt aus dem Wok.

Gemüse Tofu-Pasta

Chinesische Küche

30 Minuten 4 Portionen

Zutaten

- 200 g Tofu, gewürfelt
- 100 g Asia Eiernudeln
- 1 Karotte, in dünne Scheiben geschnitten
- 1/2 rote Paprika, in Würfel geschnitten
- 1/2 grüne Paprika, in Würfel geschnitten
- 1/2 gelbe Paprika, in Würfel geschnitten
- 1/2 rote Zwiebeln, in Federn geschnitten
- ein paar Brokkoli-Rosen
- 10 kleine Pilze
- eine Handvoll Sprossen
- 3 cm Ingwer, fein gehackt
- 1 Knoblauchzehe, fein gehackt
- 2 TL Sambal Oelek
- 4 EL Austernsauce
- 1 EL Sojasauce
- 3 EL Reisöl

Zubereitung

1 EL Reisöl in einer Pfanne aufwärmen. Dann den Tofu hinzufügen, goldbraun braten und in eine Schüssel geben.
2 weitere EL Öl in einer Wok-Pfanne erhitzen. Fügen Sie die Pilze hinzu und braten diese etwa 5 Minuten lang goldbraun.

Die Zwiebeln, den gehackten Knoblauch und Ingwer hinzufügen und 1 Minute braten. Dann die Karotten und die Paprika hinzufügen und alles 2 Minuten braten. Zuletzt die Brokkoli Röschen hinzufügen und einige Minuten braten.

Nach dem Braten des Gemüses die Austernsauce, Sambal Oelek und die Sojasauce hinzufügen und alle Zutaten mischen. Fügen Sie den Tofu dazu und mischen ihn sehr vorsichtig unter das Gemüse, damit er nicht auseinanderfällt.

Die Nudeln mit heißem Wasser aufgießen, ca. 5 Minuten stehen lassen und abgießen.

Verteilen Sie die Nudeln auf Teller und legen das zuvor zubereitete Tofu-Gemüse darauf.

Guten Appetit!

Gebratener Reis mit Ei

20 Minuten 4 Portionen

Chinesische Küche

Zutaten

- 150 g Langkornreis, gekocht
- 3 Eier
- 2 EL Erdnussöl
- 2 Knoblauchzehen, fein gehackt
- 4 Frühlingszwiebeln, gehackt (2 zum Garnieren)
- 120 g grüne Erbsen
- 1 EL leichte Sojasauce
- Salz, nach Geschmack

Zubereitung

3 Eier in einer mit Teflon beschichteten Pfanne langsam braten und zerhacken. Legen Sie die Eier beiseite. In einem Wok das Erdnussöl erwärmen, in das Sie die Knoblauchzehen, 2 gehackte Frühlingszwiebeln und die Erbsen geben. Alles zusammen braten und ca. 1-2 Minuten rühren.

Nach dem Braten des Gemüses geben Sie den vorgekochten Langkornreis in den Wok. Der Reis sollte leicht hart sein. Zu diesem Zweck den Reis nach dem Kochen in kaltes Wasser füllen, damit er beim Braten in der Pfanne nicht zerfällt. Nach dem Mischen und Erhitzen des Reises die Eier in den Wok geben und mischen, damit sich das Ei gut über den Reis verteilt.

Fügen Sie dem Reis die Sojasauce zu und nach Belieben eine Prise Salz. Alles gründlich mischen, damit sich die Sauce über den Reis verteilt.

Dekorieren Sie den Reis mit gehackten Frühlingszwiebeln. Genieße Sie diese leichte Speise heiß.

Kürbis mit Bohnen in Kokosmilch

Thailändische Küche

30 Minuten 4 Portionen

Zutaten

- 2 EL Pflanzenöl
- 1 große Zwiebel, fein gehackt
- Kürbis (900 g), gewürfelt
- 2 TL Palmzucker oder brauner Zucker
- 400 ml Kokosmilch
- 250 ml Gemüsebrühe
- 2 Prisen Chilipulver
- 400 g Bohnen (frisch gekocht oder aus Konserven)
- Limettenblätter (oder geriebene Limettenhaut)
- eine Handvoll frischer Koriander
- Jasminreis, gekocht
- geröstete Cashewnüsse
- 1 EL Fischsauce oder Salz, nach Geschmack

Zubereitung

Die Zwiebel goldbraun anbraten. Danach fügen Sie den Zucker und den gewürfelten Kürbis hinzu. Braten Sie, bis es der Kürbis leicht braun anschmort.

Die Kokosmilch und die Brühe dazu geben und mit dem Chilipulver würzen. Braten Sie alles, bis den Kürbis weich ist.

Die Bohnen und die Limettenblätter hinzufügen und erhitzen. Das Ganze mit Fischsauce und Koriander würzen und abschmecken.

Das fertige Gericht mit Reis servieren und mit gerösteten Cashewnüssen bestreuen.

Curry mit Blumenkohl und Spinat

Thailändische Küche

25 Minuten 2 Portionen

Zutaten

- 1/2 Blumenkohl
- 250 g frischer Spinat
- 2 Knoblauchzehen, gehackt
- 1 Chili Schote, gehackt
- 400 ml Kokosmilch
- 2 EL rote Curry-Paste
- 1/2 Tasse Gemüsebrühe
- eine Handvoll grüne Petersilie

Zubereitung

Lassen Sie zuerst den Blumenkohl in der Gemüsebrühe kochen bis er durch, aber al dente ist.

Fügen Sie die rote Curry-Paste, den Chili und den Knoblauch zum gekochten Blumenkohl hinzu und kochen Sie das ganze weitere 5 Minuten.

Geben Sie dann die Kokosmilch dazu, anschließend den Spinat und die Petersilie. Das Ganze ca. 3 Minuten kochen lassen. Schon ist das Gericht servierfertig.

Gebratener Reis mit Gemüse

Vietnamesische Küche

30 Minuten 4 Portionen

Zutaten

- 300 g grüne Bohnen
- 350 g gekochter Jasminreis
- 1 rote Paprika, fein gehackt
- 1 gelbe Paprika, fein gehackt
- 400 g Zucchini, geschält und in Scheiben geschnitten
- 1 Zwiebel, fein gehackt
- Salz
- schwarzer Pfeffer, nach Geschmack
- eine Prise Zucker
- Cayennepfeffer
- 2 EL Pflanzenöl

Zubereitung

2 EL Pflanzenöl in einer Wok-Pfanne erhitzen und die fein gehackte Zwiebel dazu geben. Das Ganze unter Rühren braten. Geben Sie die fein gewürfelte roten und gelben Paprika und 300 g grüne Bohnen dazu. Alles eine Weile braten lassen, umrühren, dann eine Tasse Wasser über das Gemüse gießen.

Nach etwa 5 Minuten die Zucchini schälen, in Scheiben schneiden und hinzufügen. Gießen Sie ein weiteres Glas Wasser über das Gemüse. Nach weiteren 5 Minuten das Gemüse mit Salz, schwarzem Pfeffer, einer Prise Zucker und Cayennepfeffer würzen. Den Eintopf gründlich mischen.

Zum Schluss 350 g zuvor gekochten Jasminreis zum Gemüse geben. Alles vermischen und auf einem Teller servieren.

Pilz-Curry

🕘 30 Minuten 🍽 4 Portionen

Indische Küche

Das Pilz-Curry ist ein erstaunliches leckeres, vegetarisches Gericht. In den meisten Currys ist Huhn oder anderes Fleisch die Hauptzutat. In diesem Fall sind es Pilze welche in Kombination mit Currysauce eine sehr schmackhafte Komposition ergeben.

Zutaten

- 2 EL Öl
- 1/2 TL Kreuzkümmel
- 1/4 TL schwarze Pfefferkörner
- 4 Kardamomkapseln
- 1 TL gemahlener Kreuzkümmel
- 1 TL gemahlener Koriander
- 1/4 TL Kurkuma
- 1/2 TL Gewürzmischung Masala
- 1 grüne Chilischote, fein gehackt
- 2 Knoblauchzehen, gehackt
- 2,5 cm Stück Ingwer, gerieben
- 1 Zwiebel, gehackt
- 400 g gehackte Tomaten aus Konserven
- 6 Tassen Pilze, geviertelt
- Salz
- Koriander zum Garnieren

Zubereitung

Erhitzen Sie einen EL Öl in einer Pfanne. Vermischen Sie den Pfeffer, den Kreuzkümmel, den Kardamom und das Kurkuma in einer Schüssel, geben Sie die Mischung ein die Pfannen und lassen Sie sie ca. 2-3 Minuten unter ständigem Rühren braten. Nach einer Weile die Zwiebel hineingeben und ca. 5-7 Minuten goldbraun braten. Dann den gemahlenen Kreuzkümmel, etwas Masala Gewürzmischung und den Koriander hinzufügen und 2 Minuten lang braten.

Chili, Ingwer und Knoblauch dazu geben und unter ständigem Rühren ca. 2 Minuten braten. Die Tomaten aus der Dose hinzufügen und mit etwas Salz abschmecken. Alles zum Kochen bringen und bei schwacher Hitze ca. 5 Minuten kochen lassen. Fügen Sie die Pilze hinzu und kochen alles weitere 10 Minuten.

Es ist sinnvoll den Topf abzudecken. In diesem Fall werden die Pilze schneller weich und vermischen sich besser mit der Sauce. Mit Koriander bestreuen und servieren.

Gegrillte Tofu-Auberginen Spieße

Indische Küche

40 Minuten 4 Portionen
+ 20 Minuten ruhen

Zutaten

- 2 Auberginen
- 180 g Tofu
- 1 Brokkoli
- 1 TL Salz
- 3 TL Kartoffelmehl
- 4 EL Sojasauce
- 2 EL Ahornsirup
- 2 TL Reisessig
- 3 EL Sonnenblumenöl
- 1 cm Ingwerwurzel, fein gerieben
- 3 Knoblauch Nelken, gepresst
- 2 EL Sesamöl
- 1 Frühlingszwiebel
- In Wasser getränkte Spieße oder Holzstäbchen

Zubereitung

Die Auberginen in Würfel schneiden und in eine Schüssel mit kaltem Wasser legen. Fügen Sie 1 TL Salz hinzu und mischen alles. Drücken Sie die Aubergine in dem Wasser mithilfe einer zweiten Schüssel. Lassen Sie sie für 15 Minuten einweichen. Gießen Sie das Wasser ab und drücken überschüssiges Wasser mit einem Papiertuch aus den Auberginen-Stücken.
Die gewürfelte Aubergine auf einem Papiertuch verteilen. Mit Salz bestreuen und 20 Minuten ruhen lassen. Mit einem Papiertuch trocknen.
Legen Sie den Tofu zwischen 2 Papiertücher. Mit einer schweren Schüssel drücken und 10 Minuten beiseitestellen. Den Tofu in große Würfel schneiden.

Bereiten Sie die Teriyaki Sauce vor: Dazu vermischen Sie in einer Schüssel die Sojasauce, den Ahornsirup und den Reisessig. Fügen Sie Knoblauch und den Ingwer hinzu. Fügen Sie 3 TL Kartoffelmehl hinzu. Intensiv mischen, um eine homogene Konsistenz zu erhalten.

Den Tofu mit der Hälfte der zubereiteten Sauce marinieren. Teilen Sie den Brokkoli in Röschen, die mit Sonnenblumenöl bestrichen werden.

Die Auberginen, den Brokkoli und die marinierten Tofu Stücke auf in Wasser getränkten Holzstäbchen stecken. Die Spieße mit Mehl bestreuen. Gießen Sie Öl in eine heiße Pfanne.
Die Spieße auf jeder Seite ca. 10 Minuten braten, bis sie braun sind. Gießen Sie am Ende des Grillens die restliche Marinade-Sauce über die Spieße. Legen Sie diese fertig auf einen Teller.

Die Spieße vor dem Servieren mit Sesam und gehacktem Schnittlauch bestreuen.

NACHSPEISEN

Japanischer Pudding

50 Minuten 4 Portionen

Japanische Küche

Zutaten

- 9 EL Zucker
- 1 EL Wasser
- 1,5 EL heißes Wasser
- 2 Eier
- 250 ml Milch
- ein paar Tropfen Vanille-Essenz oder Aroma
- etwas Butter

Zubereitung

Vier Tassen (etwa 150 ml groß) werden leicht mit Butter eingefettet. 4 EL Zucker in 1 EL Wasser auflösen und in einem kleinen Topf erhitzen. Sobald der Zucker eine braune Farbe annimmt, nehmen Sie den Topf vom Herd, geben Sie vorsichtig 1,5 EL heißes Wasser hinzu, mischen Sie alles und gießen Sie es in die Tassen. Zum Abkühlen des Karamells beiseitestellen.

Schlagen Sie die beiden Eier in einer Schüssel. In einem Topf die Milch mit 5 EL Zucker erhitzen und umrühren, bis sich der Zucker aufgelöst hat. Fügen Sie der Milch das Vanillearoma hinzu, geben dann die Mischung mit den geschlagenen Eiern dazu und sieben das Ganze durch ein feines Küchensieb.

Gießen Sie die Mischung in Tassen, bedecken Sie sie mit Aluminiumfolie und kochen Sie die Tassen 20 Minuten lang in einem Wasserbad in einem großen Topf. (Legen Sie zuvor ein Tuch auf den Topfboden, damit die Tassen beim Baden nicht rütteln.) Gießen Sie nach einer Weile das Wasser auf die halbe Höhe der Tassen und bringen Sie es zum Kochen. Reduzieren Sie die Hitze und kochen unter einem Deckel.

Nehmen Sie die Tassen nach 20 Minuten aus dem Bad und warten Sie eine Weile, bis sie abgekühlt sind. Denken Sie jedoch daran, nicht zu lange zu warten, da es nach dem Abkühlen schwieriger ist, die Tassen von dem Karamell zu lösen.

Mango auf süßem Reis

Thailändische Küche

10 Minuten 4 Portionen

+ 2 Stunden Einweichen + 3 Stunden Dampfgaren

Ein einfaches Rezept für ein Dessert, thailändischer Art, das mit seiner Süße und Saftigkeit besticht.

Zutaten

- 0,2 kg weißer, thailändischer Reis
- 2 süße Mangos
- 0,5 l Kokosmilch
- 1 TL Thai Tapiokamehl (es kann durch Kartoffelmehl ersetzt werden)
- 6 EL Zucker
- eine Prise grobes Salz

Zubereitung

Den Reis ca. 2 Stunden in Wasser einweichen, dann abspülen und ca. 3 Stunden in einem Sieb über einem Topf mit heißem Wasser dampfgaren.
Anschließend die Kokosmilch kochen, mit dem Zucker nach Geschmack süßen und salzen und zum Schluss mit Mehl eindicken. Den Reis mit 5 EL Kokosmilch mischen.

Zuletzt den Reis auf Teller portionieren. Daneben die geschälten Mangostücke legen und den Rest der Milch gießen.

Gebackene Banane

Chinesische Küche

30 Minuten   4 Portionen

Dieses Rezept stammt von Therdpong Sungkhanimita, einem thailändischen Koch aus dem Nordosten Thailands, dessen Hauptbeschäftigung das veransta ten von Koch-Shows im thailändischen Restaurant Papaya in Warschau sind.

Tipp: Panko ist eine asiatische Panierung aus geröstetem Brot, die vor allem zum Panieren und Frittierten von Fleisch verwendet wird. Panko kann in asiatischen Lebensmittelgeschäften gefunden werden.

Zutaten

- 4 Bananen + 100 g Banane für die Sauce
- 350 ml Milch
- 1 mittelgroßes Ei
- 200 g Weizenmehl
- eine Prise Salz
- einen halben TL Backpulver
- 2 TL schwarzer Sesam
- 2 TL weißer Sesam
- 1 EL Zucker
- 40 g Kokosnuss
- etwas Panko Semmelbrösel
- 60 g Palmzucker

Zubereitung

Rühren Sie das ganze Ei in einer Schüssel mit 300 ml Milch. Fügen Sie das Mehl, das Backpulver und eine Prise Salz hinzu, während Sie alles mischen.
Fügen Sie nun den weißen und den schwarzen Sesam hinzufügen und vermischen alles bis ein gleichmäßiger Teig entsteht. Panko mit den Kokosflocken mischen und auf einen Teller auslegen.

Für die Sauce 50 ml Milch, 100 g fein gehackte Banane und den Palmzucker mischen - ca. 5 Minuten kochen lassen, dann zu einer homogenen Masse mischen und abkühlen lassen.

Die geschälten Bananen im Teig und anschließend in der Panko- Panierung wenden. Öl in einer Pfanne erhitzen und die Bananen ca. 2 Minuten im Öl braten, bis der Teig golden wird.

Die Bananen auf Tellern auslegen und etwas Soße darüber verteilen. Warm servieren.

Mango Creme Dessert

Vietnamesische Küche

◷ 20 Minuten ⓘ 4 Portionen

Diese Mangospeise ist ideal für ein leichtes Dessert nach dem Mittag- oder Abendessen sowie als Ergänzung zum Sonntagsfrühstück.

Zutaten

- 200 ml Sahne
- 200 g Naturjoghurt
- 2 EL Puderzucker
- 2 reife Mangos
- 1 EL Zitronensaft
- 12 Blätter Minze

Zubereitung

Schlagen Sie die Sahne, sodass eine cremige Creme entsteht.

Fügen Sie den Zucker hinzu und mischen Sie vorsichtig den Joghurt unter, sodass die Creme nicht an Volumen verliert.

Die Mangos schälen, in kleine Stücke schneiden und in einem Mixer zu Püree mischen.

Die Fruchtmasse und Creme in 4 kleine Gläser schichten. Lassen Sie das Dessert am besten richtig abkühlen vor dem Servieren, dann ist die Joghurtcreme steifer.

Sie können die Oberseite des Desserts mit gewürfelten Mangostücken und dem Puderzucker dekorieren. Drapieren Sie die Gläschen mit je 3 Blättern Minze.

Ingwer-Sesam-Kekse

Japanische Küche

30 Minuten 4 Portionen

Zutaten

- 70 g Butter
- 85 g Zucker
- eine Prise Salz
- 150 g Mehl
- 2 EL kaltes Wasser
- 3 EL geriebener Ingwer
- weißer Sesam zum Bestreuen

Zubereitung

Heizen Sie den Ofen auf 175 Grad vor.

Mischen Sie die Butter mit dem Zucker und einer Prise Salz zu einer lockeren Masse. Geben Sie das Mehl dazu, fügen Sie Wasser und Ingwer hinzu und kneten Sie alles gründlich bis ein homogener Teig entsteht.

Den Teig zwischen zwei Backpapierblättern zu 0,5 cm dicke ausrollen.

Mithilfe von Keksformen oder eines Glases Kreise ausstechen, vors chtig mit Wasser bestreichen und mit Sesam bestreuen. 10-15 min backen.

Fertig ist der süße Snack!

Obst in Sirup

Vietnamesische Küche

🕘 15 Minuten 🍽 4 Portionen

Zutaten

- 1 Dose Ananas, gewürfelt
- 1 Dose Litschi, ganze Früchte
- 1 Orange, gewürfelt
- 2 EL halbtrockener Sherry
- 2 EL Zucker
- 2 EL Zitronensaft

Zubereitung

Zwei EL Zucker werden in zwei EL Wasser gelöst, in einen kleinen Topf gegeben und erhitzt. Den so vorbereiteten Zuckersirup zum Abkühlen beiseitestellen. Gießen Sie dann 2 EL Zitronensaft und 2 EL halbtrockenen Sherry in den abgekühlten Sirup. Alles mischen und beiseitestellen.

Mischen Sie in einer mittelgroßen Schüssel eine Dose Ananaswürfel, eine Dose Litschis und die gewürfelte Orange.

Zum Schluss den zubereiteten Sirup über die gemischten Früchte gießen. Alles mischen und die Früchte in Sirup in Glasschälchen servieren.

Grüntee-Kekse

🕘 40 Minuten 🍽 4 Portionen

Vietnamesische Küche

Chinesische Süßigkeiten können für den europäischen Geschmack sehr speziell wirken. Es gibt zahlreiche sonderbare Süßigkeiten gefüllt mit roter Bohnenpaste, Cupcakes mit Spiegeleiern, Kuchen mit Enten-Eigelb und eine süße Wurst am Stiel. Die für dieses Gericht verwendeten Gewürze und Zutaten sind etwas exotisch, kommen aus China und wurden schon immer für Süßspeisen in der südöstlichen Küche verwendet. Lassen Sie sich von dem Geschmackserlebnis überraschen.

Zutaten

- 2 Tassen Weizenmehl
- 3 EL Matcha (Alternativ können Sie auch gemahlenen, grüner Tee verwenden, jedoch werden die Kekse dann nicht intensiv grün)
- 1/2 Tasse Pflanzenöl
- ein wenig Wasser
- ein paar TL Puderzucker
- Sesam zum Beschichten
- Taro (in China sehr beliebte Dessertzutat, kann durch Ananas ersetzt werden)

Zubereitung

Mehl und Matcha sieben und in einer Schüssel mischen. In einem zweiten Gefäß Zucker und Öl vermengen und die Mischung aus Mehl und Matcha anschließend hinzufügen.

Den Teig aus diesen Zutaten kneten und ausrollen (achten Sie darauf, dass er nicht zu dünn ist) Stechen Sie anschließend flache, runde Kekse aus. (Sie können hierfür ein Glas oder Keks Stechformen verwenden).

Taro (oder alternativ Ananas) mit etwas Puderzucker und Sesam zerdrücken und bestreuen. Legen Sie die so vorbereitete Füllung auf je einen ausgestochenen Keks und bedecken Sie diesen mit einem anderen. Anschließend drücken Sie die Ränder zusammen, sodass die Füllung versiegelt ist.

Ofen auf 220 °C vorheizen. Die Kekse auf ein mit Backpapier ausgelegtes Backblech legen und 8 bis 10 Minuten backen.

Die Grüntee-Kekse schmecken am besten, wenn sie heiß serviert werden!

Papaya-Bananen-Cocktail in Kokosmilch

Thailändische Küche

15 Minuten 4 Portionen

+ 30 Minuten kühlen

Zutaten

- 200 ml Kokosmilch
- 200 ml Milch
- 300 g Papaya, in Dosen, in Stücke geschnitten
- 100 ml Papaya Saft, in Dose
- 1 Banane, in Stücke geschnitten
- 1 Kiwi, in Stücke geschnitten
- 2 EL Limettensaft

Zubereitung

Gießen Sie zwei Arten von Milch und den Papaya Saft in eine Schüssel.

Fügen Sie die in Stückchen geschnittenen Früchte (Papaya, Banane, Kiwi) und den Limettensaft hinzu.

Alle Zutaten gründlich zu einer homogenen Masse mischen.

Auf Schälchen aufteilen und etwa 30 Minuten in den Kühlschrank stellen.

Kalt servieren.

Kokosmilcheis mit Banane und Blaubeeren

Thailändische Küche

15 Minuten 4 Portionen

+ 4 bis 6 Stunden Gefrierzeit

Zutaten

- 3 Bananen, geschält und gefroren
- eine Handvoll gefrorener Blaubeeren
- 1 Tasse Kokosmilch
- eine Handvoll Erdnüsse
- 1 EL Erdnussbutter
- 1 EL Honig

Zubereitung

Schälen und schneiden Sie die Bananen in Stücke. Frieren Sie die Bananen und die Blaubeeren für mehrere Stunden im Gefrierschrank ein.

Gießen Sie die Kokosmilch in eine Schüssel, fügen Sie die in Stücke geschnittene, gefrorenen Bananen und Blaubeeren, die Erdnüsse, die Erdnussbutter und den Honig hinzu. Zu einer glatten cremigen Masse mithilfe eines Mixers oder Pürierstabs mischen.

Gießen Sie die Masse in Schalen und stellen Sie sie einige Stunden lang in den Gefrierschrank.

Guten Appetit!

Tapioka Mango Pudding

Thailändische Küche

30 Minuten 4 Portionen
+ 1 Stunde Ruhezeit + 1 Stunde kühlen

Zutaten

- 800 ml Kokosmilch
- 1/3 Tasse feine Tapiokaperlen
- 1/4 Tasse Rohrzucker
- eine Prise Salz
- 1 Dose Mango

Zubereitung

Tapioka zunächst in einen Topf mit Kokosmilch legen und eine Stunde ruhen lassen. Dann den Zucker und eine Prise Salz hinzufügen und bei schwacher Hitze ca. 15 Minuten kochen lassen bis die Tapioka Perlen weich und durchsichtig werden.

Die Mango aus der Dose nehmen und abtropfen lassen, mit einem Mixer pürieren und durch ein Küchensieb drücken.

Gießen Sie die gekochte Tapioka in Tassen, lassen Sie diese einige Minuten abkühlen und legen dann die vorbereitete Mangomasse darauf. Lassen Sie das vorbereitete Dessert kurz abkühlen und stellen Sie es dann zum erneuten Abkühlen in den Kühlschrank.

Kalt servieren.

Tapioka mit gekochten Äpfeln und Aprikosen

🕘 45 Minuten 🍽 4 Portionen

Thailändische Küche

Zutaten

- 70 g (1/2 Tasse) Tapioka (über Nacht in viel Wasser eingeweicht)
- 500 ml Milch
- 1 TL Vanilleextrakt
- 1 EL Butter
- 3 EL flüssiger Honig, Agavensirup oder Rohrzucker
- 12-15 getrocknete Bio-Aprikosen (kernlos), die über Nacht in einem Glas Orangensaft eingeweicht wurden
- 2 Äpfel, geschält, ohne Kerne, in Scheiben geschnitten
- 1/2 Tasse Wasser
- Stück Zimtrinde

Zubereitung

Die abgetropfte Tapioka zusammen mit Milch, Vanilleextrakt und Butter in einen Topf geben. Bringen Sie alles zum Kochen und reduzieren die Hitze, um 2 EL Honig (oder Agavensirup, oder Zucker) dazuzugeben. 10 Minuten unter gelegentlichem Rühren kochen, dann zum Abkühlen beiseitestellen.

Die über Nacht eingeweichten Aprikosen halbieren. Füllen Sie die eingeweichten Früchte sowie die Äpfel in einen Topf, geben Sie zusätzlich ein halbes Glas Wasser, etwas Honig (oder Agavensirup) und die Zimtrinde hinzu. Bei schwacher Hitze ca. 10-15 Minuten kochen, bis die Äpfel weich sind.

Tipp: Sie können das Ganze auch in eine hitzebeständige Schüssel geben, die mit einem Löffel Butter eingefettet wurde, den Apfel- und das Aprikosen-kompott einschenken und 15 Minuten bei 180 °C backen.

Die gekühlte Tapioka abwechselnd mit gekochten Früchten in Schichten in Gläschen füllen und zuletzt mit Sirup begießen.

Guten Appetit!

Thailändischer Bananen-Kokosnuss-Haferbrei

15 Minuten 4 Portionen

Thailändische Küche

Zutaten

- 400 ml Kokosmilch
- 6 EL Haferflocken
- 3 Bananen, in Streifen geschnitten
- 1 TL weißer Sesam
- 1 EL Honig
- 1 Limette
- eine Prise Himalaya-Salz

Zubereitung

Den weißen Sesam in einer heißen, trockenen Pfanne rösten.

Kochen Sie nun die Kokosmilch in einem Topf.

Fügen Sie die Haferflocken, den Honig und eine Prise Salz hinzu. Kochen Sie alles bis die Haferflocken weich werden.

Schneiden Sie zwei Bananen in kleine Würfel und geben Sie sie in die Milch dazu.

Den Brei in eine kleine Schüssel geben, mit in Streifen geschnittenen Bananen, dünn geschnittenen Fäden der Limettenschale dekorieren und mit weißem Sesam bestreuen.

Chia-Samen in Kokosmilch mit Mango-Schaum

Thailändische Küche

30 Minuten 4 Portionen
+ 1 Nacht einweichen

Zutaten

- 300 ml Kokosmilch
- 100 ml Milch
- 1 TL Honig oder Birkenzucker
- 3 EL Chiasamen
- 1/2 Vanilleschote
- 1 Dose Mangofrucht (425 g)
- 250 ml 30% Sahne für Desserts
- 2 TL Gelatine, in 20 ml Wasser eingeweicht
- 1 TL gesiebter Puderzucker

Zubereitung

Chia-Samen in Kokosmilch:
Gießen Sie die Kokosmilch zusammen mit der Milch in eine Schüssel, fügen Sie den Honig (oder Birkenzucker), die Vanilleschote und die Chia-Samen hinzu. Alle Zutaten gut mischen.

Legen Sie die mit Chia-Samen zubereitete Kokosmilch in den Kühlschrank (unter gelegentlichem Rühren um ein Verkleben zu vermeiden).

Lassen Sie Chia-Samen am besten über Nacht stehen, damit sie die Milch aufsaugen und sich einen Pudding bilden kann.

Mangoschaum:
Gut gekühlte Sahne zu steifem Schaum schlagen und mit Puderzucker vermengen.

Die Mangofrucht zu einer homogenen Masse mischen (ggf. pürieren).

Die in Wasser aufgelöste Gelatine hinzugeben.

Fügen Sie nun das zuvor gemischte Mango Püree zu der Schlagsahne hinzu, mischen sie vorsichtig und lassen die Gelatine einweichen. Alle Zutaten vorsichtig mischen.

Legen Sie den Pudding und den Schaum in Schichten übereinander in Dessertgläser.

Longan Obstkuchen

Indische Küche

30 Minuten 4 Portionen

+ 40 Minuten Backzeit + 2 Stunden kühlen

Zutaten

Teig

- 6 Eier (Eiweiß vom Eigelb getrennt)
- 120 g Zucker
- 120 g Weizenmehl, gesiebt
- 90 g Kartoffelmehl, gesiebt
- 10 g Backpulver

Quark mit Obst

- 2 Packungen Quark (280 g)
- 300 g Blaubeeren, halbiert
- 230 g Longanfrucht in Dosen
- 1 Päckchen Erdbeergelee Pulver
- 500 ml heißes Wasser

Zubereitung

Biskuitzubereitung: Das Eiweiß zu einem steifen Schaum schlagen, nach und nach Zucker hinzufügen und mischen, bis sich der Zucker vollständig aufgelöst hat. Vorsichtig das Eigelb unter das geschlagene Eiweiß mischen.

Fügen Sie das Weizenmehl, das Kartoffelmehl und das Backpulver hinzu. Vorsichtig mischen und in eine mit Backpapier ausgelegte Kuchenform mit ca. 24 cm Durchmesser geben. In den auf 170 Grad vorgeheizten Ofen stellen und 35-45 Minuten backen. Lassen Sie die Küchenform verkehrt herum auf ein mit Backpapier bedecktes Brett fallen, sodass es sich löst und lassen es komplett abkühlen.

Zubereitung vom Gelee: Das Gelee in 500 ml heißem Wasser auflösen. Legen Sie das abgekühlte Gelee in den Kühlschrank und warten Sie, bis es sich leicht verfestigt hat.

Zubereitung von Quark mit Obst: Schneiden Sie den Biskuitkuchen in zwei Hälften. Den Biskuitkuchen mit Quark bestreichen. Dann den Quark mit in Hälften geschnittene Blaubeeren und Longanfrüchten belegen und mit dem zweiten Teil des Biskuitkuchens bedecken. Bedecken Sie das Ganze mit dem leicht konzentrierten Gelee und stellen Sie es in den Kühlschrank, bis es vollständig fest wird.

NOTIZEN

IMPRESSUM

Herausgeber:

Alexander Krenik
Am Schwarzacker 1H
35085 Ebsdorfergrund
Deutschland

Deutschsprachige Erstausgabe April 2020
ISBN: 9798645699970

Printed in Poland
by Amazon Fulfillment
Poland Sp. z o.o., Wrocław

18941545R00074